El loto
de los
seis pétalos

✿ ámbar

El loto
de los
seis pétalos

SEIS ELEMENTOS PARA VIVIR EN ARMONÍA

Fer Broca

EL LOTO DE LOS SEIS PÉTALOS
Seis elementos para vivir en armonía

© 2024, Fernando Broca

Diseño de portada: Ivonne Murillo
Fotografía de portada: elwynn1130, www.iStockphoto.com / GettyImages
Fotografía de Fer Broca: cortesía del autor

D. R. © 2024, Editorial Océano de México, S.A. de C.V.
Guillermo Barroso 17-5, Col. Industrial Las Armas
Tlalnepantla de Baz, 54080, Estado de México
info@oceano.com.mx

Primera edición: 2024

ISBN: 978-607-584-015-4

*Todos los derechos reservados. Quedan rigurosamente prohibidas,
sin la autorización escrita del editor, bajo las sanciones establecidas
en las leyes, la reproducción parcial o total de esta obra por cualquier
medio o procedimiento, comprendidos la reprografía y el tratamiento
informático, y la distribución de ejemplares de ella mediante
alquiler o préstamo público. ¿Necesitas reproducir una parte
de esta obra? Solicita el permiso en info@cempro.org.mx*

Impreso en México / Printed in Mexico

Debemos ver al hombre como un *todo*, con una parte esencial, un mundo emocional, una mente capaz de comprender el entorno, y un cuerpo fascinante que le permite experimentarlo.

¿Qué encontrarás?

Introducción. La llamada del loto, 11

Capítulo uno. Conciencia para sanar, 21

Capítulo dos. Entender tus cuatro cuerpos. Cómo
la enfermedad y el caos viajan de plano en plano, 37

Capítulo tres. Comprendiendo los mensajes de la
enfermedad, 67

Capítulo cuatro. Primer pétalo. La vida, la raíz y la tierra, 77

Capítulo cinco. Segundo pétalo. La energía creativa,
el placer y la sexualidad, 97

Capítulo seis. Tercer pétalo. Energía, voluntad y poder, 123

Capítulo siete. Cuarto pétalo. El corazón, el amor
y la armonía, 143

Capítulo ocho. Quinto pétalo. Libertad y comunicación, 173

Capítulo nueve. Sexto pétalo. El sentido de trascendencia,
la espiritualidad y lo sutil, 199

Por último, 233

Introducción
La llamada del loto

La consciencia es como el loto…
surge de las profundidades de la experiencia,
se alza pura y blanca para embellecer su entorno.
Es un faro de claridad y una sutil esperanza.

FER BROCA

Cada año permanezco por una semana en un paraíso terrenal, en la selva tropical de la península de Yucatán. Allí, convivo con la pureza de la naturaleza, con la esencia de la vida. Entre tantas maravillas, el loto me captura y me llena el corazón. De tanto mirarlo, cautivado por su movimiento, termino escuchando sus susurros y reflexiono por momentos eternos en sus misterios y leyendas.

Al salir de la cabaña que está junto al agua, cada mañana, me detengo en el hermoso puente de madera vieja, percibo los rayos del sol y los sonidos de la selva, me inclino con respeto y sonrío a las flores que se cierran y duermen pacíficamente por las noches. Mis ojos se alegran al mirar cómo, entre las hojas flotantes de un verde intenso, se levanta elegante y ágil el loto blanco. Desde la primera vez que contemplé un loto, me robó un suspiro y me llevó sin saberlo a una profunda contemplación entre lo invisible y lo mágico que emana de su sutil presencia.

Es muy útil recordar que en culturas tan distintas como la egipcia, la india, la china e incluso la maya, el loto ha tenido un significado fundamental. Se asocia con la pureza, la abundancia y la felicidad.

Una de las más lindas leyendas que nos muestran el valor simbólico de esta flor nos llega desde Grecia, donde se cuenta que una hermosa mujer había huido atemorizada. Después de atravesar bosques y dificultades, llegó a un lugar llamado "Loto" y terminó hundiéndose en él. Sus perseguidores —los vicios, los conflictos y las adversidades— se lanzaron tras ella y se hundieron también. Los dioses habían destinado este lugar apartado y sombrío para aquellos que se perdían o fracasaban en la vida. Parecía que aquel que entraba en ese pantano maloliente estaba condenado a sufrir y perderse de la luz y la vida para siempre.

Sin embargo, la dama de nuestra historia luchó durante mucho tiempo. Fue valiente aun en la adversidad, encontró el coraje para avanzar y mantuvo el firme propósito de salir de allí. Su arduo esfuerzo y su constancia dieron frutos cuando al fin emergió transformada en una bellísima flor de largos y espléndidos pétalos. Tuvo que desarrollar una firmeza especial en su carácter y mantenerse siempre conectada a su auténtica esencia. Desde entonces, esta flor de "loto" se

INTRODUCCIÓN

relaciona con la lucha triunfante. Con la capacidad de emerger donde el lodo abunda, sin perder la esencia.

Desde una perspectiva superior, un loto es un recordatorio de que podemos superar las adversidades que nos persiguen, que podemos mantenernos limpios y puros aun en las dificultades, y que incluso somos capaces de trascenderlas con voluntad cuando éstas parecen atraparnos.

¿Cuántas veces te ha perseguido la dificultad? ¿Cuántas te has sentido abrumada y quizá destruida? Y, sin embargo, si logras mantener la esencia en tu interior, terminas sobreponiéndote.

Estoy seguro de que muchos hemos sentido que estamos en un pantano, en un lodazal, atrapados entre las tristezas, las pérdidas y la rabia. Que hemos tenido momentos en los que sentimos que perdemos toda la fe, y nos envuelve una pesada oscuridad. No obstante, he conocido personas maravillosas que utilizando las herramientas adecuadas y generando los procesos interiores correctos han logrado salir de la dificultad no sólo con fuerza, sino más bellas, más sabias y más coherentes.

Esta flor es un poco mágica porque se manifiesta blanca y prístina donde parece haber sólo suciedad. Se cierra, duerme de noche, y por las mañanas busca la luz para brotar y abrirse al nuevo día. Sus hojas, flores, semillas y raíces tienen propiedades medicinales, y su belleza es contundente y poderosa al tiempo que discreta y dulce. Es una maestra, una guía en sí misma, un ejemplo a seguir.

Sé que dentro de cada uno de nosotros hay un loto, una parte pura de nuestra verdad interior. Una auténtica simiente de lo que somos, que puede brotar en todo su esplendor. Cada uno contiene belleza, medicina, poder y fuerza. Éste es un libro que nos guía para despertar cada aspecto de nuestro potencial interior.

El sendero del loto no es lineal, no consiste sólo en brotar y emerger con todo su esplendor. El loto tiene un proceso, tal como nosotros en la vida: inicia desde la semilla y poco a poco se nutre y se fortalece, en un recorrido similar al que hacemos cuando aprendemos algo nuevo y nos llenamos de recursos internos. Después, el loto debe empujar el lodo para salir a la superficie, como muchas veces lo hemos hecho al enfrentar un problema. Una vez que esta flor se encuentra fuera, el viento la mece, como cuando algunas circunstancias nos desequilibran en nuestras vidas. El loto también debe soportar el sol y las inclemencias del tiempo, por eso es indispensable que se mantenga bien sostenido en su tallo y raíz. Esa fuerza que lo distingue es lo que deseo para cada uno de nosotros, pues sólo cuando nos aferramos a nuestra esencia, a nuestra verdadera paz y a ese estado del SER, somos capaces de mantenernos bellos y abiertos frente a los más diversos entornos.

Por otra parte, el loto tiene que resguardarse por las noches, volver a su núcleo y alejarse del exterior. En nuestra vida, sin embargo, a menudo olvidamos la importancia de regresar a nosotros, bajar las persianas y adentrarnos en nuestra parte más silenciosa y pura.

El loto es en este libro una poderosa analogía de nosotros mismos, de nuestros procesos interiores, de nuestra manera de habitar el espacio y de la fuerza de emerger una y otra vez

INTRODUCCIÓN

de la dificultad. Y lo más importante: hacer todo esto siendo bellos (como sólo cada uno es capaz de serlo), auténticos (en coherencia perfecta con nuestro interior), puros (en ese estado de limpieza que brota de la sonrisa de nuestro espíritu) y permaneciendo completos e íntegros, como un loto de seis pétalos.

Estas páginas son una propuesta de viaje a través de seis niveles de comprensión de la realidad, de seis peldaños evolutivos.

A lo largo de mi camino, he tenido el honor de compartir terapia con miles de personas, escuchar sus historias, acompañarlas en sus transformaciones y, sobre todo, aprender de su más valioso tesoro: su experiencia de vida. Dando cursos en las más variadas latitudes, he compartido la espiritualidad, la meditación y la reflexión con cientos de miles de personas y de todas he recibido, en las miradas, las sonrisas y sus presencias, significativos regalos. He podido VER la importancia de una vida ÍNTEGRA, de cómo cada familia requiere de todos sus miembros, igual que cualquier organización, por más grande o compleja que sea.

Redescubrí que todo tiene un lugar. Eso me ha llevado hasta este momento, convencido de que hay seis componentes vitales en cada ser humano y cada uno de ellos es clave para nuestra EXISTENCIA PLENA.

Comparto aquí estos seis pétalos a través de historias que te conectarán con la tuya. Porque las historias de los hombres son de algún modo siempre distintas, pero siempre parecidas. Al ir avanzando entre capítulos encontrarás ejercicios, reflexiones, meditaciones y afirmaciones.

EL LOTO DE LOS SEIS PÉTALOS

Estoy convencido del poder de nuestras palabras. Son una herramienta mental y energética que te propongo introducir en tu vida. Todas son útiles y tienen una fuerza especial cuando las repetimos o las escribimos con atención y enfoque. Como todo gran hábito, se sustenta en la repetición y en la dedicación.

Si no estás familiarizado con este mundo, te preguntarás qué es una afirmación. Bueno, una afirmación es una frase, un enunciado positivo que se pule como una pieza de orfebrería para que sus palabras, su cadencia y su energía creen una vibración determinada. Es una creación que tiene como propósitos:

1. Crear un surco neuronal para producir un fortalecimiento positivo de una creencia.
2. Generar un estado emocional constructivo y enfocado a una experiencia vivificante y saludable.
3. Emitir una vibración para tu cuerpo sutil, de modo que las palabras, las emociones y la energía se potencialicen y produzcan un efecto muy lindo para ti.

El efecto de las afirmaciones se fortalece cuando las repetimos, por ejemplo, ocho veces al día mentalmente. También se vuelven más útiles cuando las escribimos al menos tres veces cada día. Cuando escribimos pequeñas notas y las dejamos en lugares visibles: la computadora donde trabajas, el espejo donde te arreglas, la puerta de tu closet, tu oficina o espacio de trabajo. Incluso yo tengo en la pantalla de mi celular afirmaciones que me recuerdan y me conectan con un propósito determinado.

INTRODUCCIÓN

No se trata sólo de escribir, repetir o memorizar una afirmación, sino de hacerlo conscientemente. Son más útiles ocho repeticiones verbales o mentales en un estado de concentración, que treinta y cinco sin tu presencia o energía dispuestas o alineadas con la afirmación.

Sugiero que cada día utilices un máximo de tres afirmaciones, sobre todo en un inicio, cuando apenas las estás conociendo. Las personas que pretenden usar muchas terminan confundidas; las oraciones se diluyen y suelen perder su efecto, en lugar de contener la energía y la vibración.

De forma natural, las incorporarás a tu vida y se volverán parte de tu diálogo interior y exterior. Sucederá. Y llegará un momento en que brotarán cuando las necesites: acudirán a ti como un aliado.

Para facilitar tu conexión con las afirmaciones a lo largo del libro, las encontrarás destacadas al final de cada capítulo. Así podrás reconocerlas y emplearlas. Yo llevo más de veinticinco años usando afirmaciones y es una de las herramientas que utilizo con mayor regularidad. Me han dado grandes regalos.

Cada afirmación está conectada con el pétalo del capítulo, y cada una forma parte de una idea más grande. Es como si estuvieras entrenando tu cerebro para responder asertivamente en la vida. A nivel espiritual, le brindas a tu maravilloso ser opciones coloridas para brillar con luz y certeza.

Mi propósito es que este libro no sea sólo un texto rico e interesante, sino un lienzo de cuestionamientos, búsquedas y respuestas. Quiero que el tiempo que le dediques a este loto de los seis pétalos sea entrañable y que cada pétalo deje en ti enseñanzas y reflexiones.

EL LOTO DE LOS SEIS PÉTALOS

Al avanzar en su contenido, descubrirás que en ocasiones me dirijo a ti, mi querido lector, en femenino, pues visualizo tu alma como la receptora de estos mensajes. Somos seres, más allá del género corpóreo. Por lo tanto, utilizo de manera indistinta los pronombres para hablarle a tu ser, a tu esencia o a tu alma. Mi objetivo es crear un puente y que aquello que encuentres navegando entre las páginas sea un referente, pero también un espejo. Que de algún modo se convierta en un llamado a tu esencia y, por supuesto, una guía de respuestas para tu mejor camino.

Te agradezco por leerme, por invitarme a tus espacios íntimos, por dar a mis palabras la oportunidad de acompañarte en este tiempo y permitir que lo bueno que aprendas se proyecte en tu vida.

Nada llega por casualidad. Esto es una invitación, un acompañante que te ayudará a crecer, a comprenderte, a reconocer los pasos bien dados y a reaprender lo importante.

El loto de los seis pétalos es más que un simple libro: es un canto a la esperanza, a la mejora, al florecimiento y a la plenitud en la que puedes vivir. Es un espacio que se crea cuando lo lees. Un aroma que penetra de a poco en tu ser. Una vida plena que se nutre en tu corazón. Es mi intención que todos los seres podamos florecer, desde lo que somos y lo que hacemos.

Quiero que recuerdes que muchas veces has estado atrapada en ese pantano sucio de culpas, apestando a creencias rancias, secuestrada en el lodo del victimismo, completamente perdida. Y todas esas veces que estuviste ahí, encontraste el camino para salir. Ahora es tiempo de mantener los seis pétalos sanos y radiantes, plenos y tranquilos, vivos y expandidos.

❧ INTRODUCCIÓN ❧

Por eso, este libro es también un reconocimiento a los miles de seres humanos que, viviendo en los tiempos complejos que nos han tocado, hemos tenido el valor de mantenernos firmes y coherentes, de ser auténticos (a pesar de no estar de moda, o no ser el prototipo de lo que ahora se estila). A todos aquellos que han vivido circunstancias terribles y tuvieron la paz y la certeza de que volverían a emerger. A esas mujeres incansables que brotaron de los infiernos y hoy ayudan a que otros puedan salir también. A los activistas que no pierden la fe, a los soñadores que creemos en un mañana luminoso. A todos aquellos que saben que el destino de un loto es emerger y cooperar con un mundo más bello y en paz.

Capítulo uno
Consciencia para sanar

Observarte para conocerte,
conocerte para amarte,
amarte para florecer...
Fer Broca

Por primera vez, sentí que la muerte era una posibilidad palpable. Ahí estaba yo, luchando por cada bocanada de aire con creciente desesperación. Mi boca se abría cada vez más, intentando inhalar la mayor cantidad de oxígeno, pero parecía que nada entraba en mi sistema. Sentía que mis pulmones se reducían a simples uvas expuestas al sol, deshidratándose poco a poco hasta convertirse en arrugadas pasas.

Todo había sido gradual. Algunos días antes había notado que la respiración me abandonaba con mayor frecuencia e incluso caminar se había convertido en un desafío. Los métodos que solía usar para recobrar el aliento parecían no surtir efecto. Con cada día que transcurría, la preocupación había ido creciendo hasta que, finalmente, mi cuerpo cedió y colapsé.

EL LOTO DE LOS SEIS PÉTALOS

Mi madre me sostenía en sus brazos, mientras mi padre golpeaba la puerta del Seguro Social pidiendo con desesperación que me atendieran. Yo estaba al borde de perder el sentido; la oscuridad se estaba apoderando de mí de manera vertiginosa.

Desde mi nacimiento, fui un niño muy frágil. No lo digo en sentido figurado. Llegué a este mundo con apenas ocho meses y un peso extraordinariamente bajo para un recién nacido. Tenía un soplo cardiaco. Sí, era débil y mi fragilidad se evidenciaba de manera constante. Me enfermaba con facilidad, no podía salir a dar una vuelta a la cuadra para jugar al aire libre sin el riesgo inminente de pescar algún resfriado. Correr era un lujo que mi condición no me permitía, y la clase de educación física era una actividad vedada, ya que el aliento se me escapaba ante la menor de las exigencias. ¡Débil de nacimiento! Dado que mi capacidad para desenvolverme como lo haría un niño de mi edad era limitada, encontré refugio en la lectura y la observación. Me sumergí en mi propio mundo, creé un rincón cómodo al que no tenía muchas intenciones de renunciar.

Había sido un día de escuela normal en la secundaria. Después de las clases, unos amigos y yo habíamos planeado ir a deslizarnos en la pista de hielo. La estábamos pasando muy bien, jugueteando en la amplia pista blanca y lisa, todo eran risas y diversión... hasta que empecé a sentir que no podía respirar. Un ataque de pánico se apoderó de mí: a pesar de que inhalaba con fuerza, no lograba estabilizar mi respiración. Caí sentado en la pista de patinaje. Sólo veía bultos borrosos a mi alrededor. Me llevaron a la enfermería y, una vez que mi respiración se estabilizó, la madre de uno de mis amigos me llevó a casa.

A partir de ese momento me di cuenta de que durante las actividades físicas sentía que me faltaba el aire y respirar era una proeza. Algo había cambiado. Descubrí que esta condición no sólo se limitaba a las actividades deportivas; incluso tareas tan simples como subir escaleras me afectaban gravemente. Caminar hasta la escuela se había convertido en un esfuerzo agotador. Llegó un punto en que tuve que ser llevado al hospital, ya que no era normal que me sintiera tan mal ante cualquier pequeñez.

El médico me diagnosticó asma. En cierto sentido, el diagnóstico fue liberador porque me di cuenta de que tenía una "limitación real" en mi cuerpo. Sin embargo, para todo mal hay una solución y entonces descubrí el inhalador, maravilloso aparato que comencé a llevar conmigo a todas partes. Ese pequeño dispositivo expulsa un medicamento broncodilatador que llega hasta los pulmones y hace que suenes como si fueras Darth Vader; los asmáticos lo usamos para estabilizarnos cuando tenemos un ataque.

Por lo general, los ataques de asma provocan un miedo intenso. El pánico y una angustia indescriptibles crecen cuando no puedes respirar y sientes como si debieras inhalar todo el aire posible a través de un minúsculo popote. Tener un episodio puede resultar catastrófico y siempre te encuentras pensando en qué momento te dará un ataque o qué podría provocarlo. ¡Es muy agotador!

Pese a todo, tener el inhalador conmigo me daba la confianza para intentar nuevas cosas, como jugar soccer. De hecho, me gustaba jugar bastante, y con el inhalador de rescate a mi lado, volví a sentir cierta seguridad para practicar deportes que alteraban mi respiración.

Pasó un tiempo en que yo no sólo había logrado controlar sino incluso prevenir los ataques de asma con mi aparato. Era fantástico, pues tenía una vida más activa y eso se sentía maravilloso. Y entonces, cierta tarde, mientras estaba al cuidado de mis abuelos, salí a jugar en el parque que quedaba cerca de su casa. Estuve pateando la pelota por un rato antes de empezar a sentir que el aire se me escapaba. ¿Dónde dejé mi inhalador? Mi mente comenzó a sentirse confundida y empecé a perder la noción. *Lo dejaste en la casa*, me respondió mi voz interna. Si bien la casa de mis abuelos no estaba tan lejos, me di cuenta de que sería una distancia muy difícil de alcanzar en esa condición. Mis piernas comenzaron a fallarme y caminar se volvió una hazaña.

De repente, algo mágico sucedió. Incapaz de llegar caminando hasta mi resucitador, me acomodé en el suelo e imaginé que estaba utilizando el aparato. Visualicé su peso en mi mano y lo puse sobre mi boca; simulé el proceso de uso y escuché en mi mente el sonido del broncodilatador liberándose en mi garganta. A pesar de no tener el inhalador en mi poder, pude percibir la sensación de alivio que normalmente me brindaba. Fue así como logré controlar un ataque de asma por primera vez mediante el pensamiento. Regresé al campo y continué jugando.

Pasó un tiempo antes de que volviera a sentir que el aire me faltaba. Lo tomé como una señal para poner a prueba mi capacidad. Aunque tenía mi inhalador cerca, por si acaso, queria comprobar si podía usar una vez más esa fuerza mental para ayudarme. Me detuve en seco y empecé el mismo ritual, actuando y visualizando el uso del inhalador en mi mente. Para mi sorpresa, funcionó por segunda ocasión.

Con el propósito de continuar experimentando con el poder que estaba en mi cabeza, empecé a olvidar mi inhalador de manera deliberada. Consideré que caminar un par de cuadras desde la casa de mis abuelos hasta la cancha de futbol del parque no debería ser un problema. En caso de no poder controlarlo, podría regresar por el aparato sin poner en riesgo mi bienestar. Me negaba a recurrir al inhalador, así que lo dejaba olvidado cada vez más. Es posible que hubiera terminado por usarlo si lo hubiera llevado conmigo. Sin embargo, al no tenerlo, mi única opción era enfocarme en mi respiración y controlar los ataques con la ayuda de mi mente.

No fue sino hasta que crecí que comprendí que mi condición estaba en gran medida relacionada con las emociones. En realidad, la mayoría de las enfermedades están conectadas con nuestros estados de ánimo. Aunque en ese momento no lo comprendía, unos años después, cuando tomé el curso "consciencia consciente" y actué al respecto, lo pude sanar.

A partir de entonces, logré controlar los ataques hasta el punto en que se volvieron casi inexistentes. Puedo asegurar que gracias a ese poder mental y a la firme creencia de que lo que experimentaba en mi mente era real, sólo he tenido tres crisis fuertes de asma en las últimas tres décadas.

Al reflexionar, puedo darme cuenta de que estas crisis se activaban en respuesta a una sensación de abandono. Descubrirlo fue como un golpe de la vida en pleno rostro. El día en que comprendí por qué se desencadenaban, nos encontrábamos en una peregrinación con algunos de mis alumnos en el Camino de Santiago. El lugar era húmedo y se cree que la humedad puede afectar las condiciones respiratorias. No obstante, la humedad está relacionada con la tristeza, y ésa es la razón por la que pueden experimentarse ataques en entornos así.

Una de mis estudiantes me observó mientras luchaba por controlarme; habían pasado varios años desde la última vez que me había sentido de esa manera. Ella se acercó para hablar conmigo. Todos sabemos que compartir nuestros pensamientos hace que sea más fácil identificarlos: al verbalizarlos, nuestras neuronas crean una fuerte conexión y la comprensión se aclara. Durante esta peregrinación me sentía con mucha responsabilidad, temía no ser suficiente. No estaba seguro de si les gustaría lo que había planeado o si aceptarían los aprendizajes propuestos, lo que a su vez se relacionaba conmigo. Si no les gustaba lo que yo ofrecía, abandonarían el proceso. En ese momento me di cuenta de que mis ataques asmáticos pasados habían estado impulsados por la misma emoción de rechazo. El momento en que sentí tristeza y profundo abandono tras una ruptura amorosa juvenil. O cuando mis padres se separaron. Y, más atrás, cuando me dejaban en casa de mis abuelos "abandonado", siendo yo pequeñito.

¿Te das cuenta? En estos tres episodios la constante era la emoción.

SENTIMIENTO DE ABANDONO

+

TRISTEZA EXTREMA

=

ATAQUE DE ASMA

Después de mucha introspección y reflexión me di cuenta de que mis problemas respiratorios habían surgido ante la creencia de que mi mamá me estaba abandonando. Ésa era la raíz de todo. Y quiero que sepas que la figura materna representa la vida y que el acto de respirar está simbolizado por la madre. Es común que un niño que siente que se ha separado de su madre y ha sido abandonado por ella presente problemas respiratorios. Sin embargo, quiero aclarar que mi mamá nunca me abandonó, ni me dejó porque no me quisiera o algo así. Probablemente ella ni siquiera lo haya percibido de esa manera. Cada persona tiene derecho a interpretar las situaciones como mejor le parezca, pero eso no implica que esa interpretación sea la única verdad. Recuerda que existe tu percepción, la de la otra persona y la verdad, que es inaccesible, en realidad, porque la versión que reside en tu mente será la que consideres como definitiva. Pero el hecho de que sólo puedas ver una cara de la moneda no significa que la otra no exista.

Mi mamá se vio en la necesidad de tener que dejarme un poco de lado debido a sus responsabilidades laborales. Entiendo que era fundamental para ella que no me faltara nada mientras crecía. Para mí, por otro lado, era esencial que mi madre estuviera presente en cada momento de mi crecimiento.

Con el tiempo, empezó a llevarme con más frecuencia a la casa de mis abuelos para que no estuviera solo. Aun cuando ella buscaba asegurarse de que tuviera todo lo esencial, yo interpretaba sus acciones como si me estuviera abandonando (ahora puedo ver que a ella también le dolía y que lo hizo desde el profundo amor por mí).

Cada persona experimenta una realidad interior, que puede o no ser cierta. Sin embargo, tal como tú simbolizas un evento o experiencia, así lo vives. Y debemos aprender a validar lo que sentimos. Pero también debemos erradicar la fácil conducta de culpar al otro por nuestro sentir. Me resulta indispensable remarcar que tu realidad interna es válida para ti. Pero no es la única realidad posible.

Algunas veces puedes sentir que el otro te desprecia, pero lo que te hiere tal vez sea más tu falta de estima a que el otro esté haciendo algo deliberado para herirte. El día en que experimenté mi primer ataque de asma consciente en la pista de patinaje fue una época en la que mi mamá tenía un trabajo extremadamente demandante y no la veía más que pocos minutos al día.

Me gustaría hacer un pequeño paréntesis para hacer hincapié en que no culpo a mis padres por lo que pasó en mi infancia. Yo los amo y los honro. Lo que sucedió es que Fer chiquito experimentó un abandono; a sus ojos, su mamá lo abandonaba cuando ella salía a buscar una estabilidad para su familia. En la mirada de Fer niño, su papá no podía percibir un hijo varón que no fuera atleta y por eso lo decepcionaba, pero en la actualidad me doy cuenta de que no era así, mis papás lo único que hicieron fue amarme de la manera en la que creían conveniente para criarme, de la manera en la que ellos sabían. Mi intención nunca será hablar mal de ellos ni de lo que vivimos juntos, les agradezco todas las enseñanzas y todo el amor.

Volviendo al tema de mi padecimiento, en cada ocasión que yo sentía que estaba a punto de defraudar a alguien, que decepcionaría o que no sería suficiente para evitar que las personas me abandonaran, sufría episodios asmáticos. Durante los últimos años de mi vida sólo he experimentado un ataque de asma que no he podido controlar mediante la meditación, esa ventana que me proporciona la seguridad y el amor que siento que me hacen falta. A pesar de que sé cómo manejarlos, soy cauto: siempre viajo con mi inhalador. No quiero pensar qué podría pasar si no hay un hospital, una enfermería o una farmacia cerca, aunque debo mencionar que ya han pasado varios años desde mi último episodio.

Durante la peregrinación por el Camino de Santiago tomé una decisión que cambiaría mi perspectiva en relación con mi asma. Me propuse observar esta afección desde una nueva óptica, preguntándome profundamente: "¿Por qué ocurre esto? ¿Qué mensaje lleva consigo mi enfermedad?". Asumí el compromiso de no juzgarme por tener esta condición, al igual que no juzgaría a la enfermedad en sí misma. Mi objetivo era entender la razón detrás de su existencia, por la que se manifestaba en mi cuerpo. En ese momento ya estaba familiarizado con la trayectoria de la enfermedad y sus raíces. Había aplicado mis conocimientos para ayudar a varios pacientes, pero había omitido realizar el mismo proceso conmigo, un aspecto que había escapado a mi atención.

EL LOTO DE LOS SEIS PÉTALOS

Luego de unos días de introspección profunda y caminatas por el sendero, logré identificar un patrón revelador. El asma, en realidad, me brindaba la oportunidad de ser vulnerable, me permitía reconocer y aceptar mi fragilidad en lugar de negarla. No necesitaba actuar como un fuerte muro de contención. En un momento de autoafirmación, coloqué ambas manos en mi pecho, justo donde late mi corazón, y recité amorosas afirmaciones: "Te amo", me dije con convicción. Esta simple declaración generó en mí una sensación similar a la de usar el inhalador. Otra afirmación que repetía con cariño era: "Nunca te abandonaré". Esta frase seguirá resonando en mi mente, recordándome el camino que he recorrido y la fortaleza que he construido.

La experiencia en el Camino de Santiago marcó un punto crucial en mi vida. Aprendí que abrazar la vulnerabilidad y ofrecerme amor y apoyo interior eran pasos esenciales para enfrentar mi condición. El camino no sólo me llevó a lugares físicos, fue también una travesía de autodescubrimiento y sanación profunda.

Durante dos décadas me dediqué a dar clases y a acompañar en sus procesos de sanación a un centenar de personas mes con mes, de forma individual. La pandemia, sin embargo, marcó un punto de inflexión que me llevó a interrumpir mis consultas y a cambiar mi enfoque hacia la enseñanza.

A lo largo de los muchos años que pasé en mi consultorio fui testigo de un aprendizaje inmenso gracias a mis pacientes. En sus historias y experiencias pude vislumbrar verdades que a menudo son rechazadas o subestimadas por la mayoría. Por ejemplo, observé cómo un acto de perdón podía liberar años de enfermedad acumulada. Presencié cómo las emociones podían convertirse en causas subyacentes de enfermedades si no se atendían. Aprendí que, al desentrañar las raíces de esas emociones, uno podía lograr la curación de dolencias crónicas. Fui testigo de cómo un simple gesto simbólico podía transformar un dolor profundo y cómo una ceremonia bien dirigida podía liberar años de traumas y catalizar cambios físicos reales.

Motivado por el deseo de acelerar y suavizar los procesos de sanación para mis pacientes, dado que desenterrar emociones y traumas profundos puede resultar complicado, decidí ampliar mi formación. Me sumergí en el estudio y la práctica de diversas disciplinas terapéuticas, como la hipnosis y la programación neurolingüística. Aprendí sobre constelaciones familiares y otras técnicas complementarias. Estaba decidido a ofrecer un enfoque holístico y efectivo en mis consultas. La gratificación llegó cuando vi a innumerables personas salir con mejoras notables tras las terapias que les brindaba. Esta evidencia sólida me confirmó con absoluta certeza que el cambio energético y la transformación de patrones de pensamiento no sólo eran posibles, sino clave para cambiar el rumbo de la vida.

Por esta razón, pongo a tu servicio algunas preguntas y ejercicios a lo largo del libro. Te permitirán indagar en tu interior, conocerte mejor, descubrir algunos patrones y, además, acercarán a tu vida herramientas y procesos para sanarte. Cada cuestionamiento aquí descrito es una llave que abre tus puertas a la reflexión y al crecimiento. Aunque algunas preguntas podrían parecer similares, cada una tiene un proceso muy especial: al avanzar en los capítulos, sutilmente vamos comprendiendo aspectos que complementan las ideas. Así, lo que mueve la pregunta en el capítulo uno será distinto a lo que hará la "misma pregunta" en el capítulo cuatro.

Estoy seguro de que las historias y los ejercicios que aquí presento irán más allá de tu consciente para sumergirse en las profundidades de tu ser y mostrarte una vía de superación, crecimiento y plenitud. Estoy seguro de que tienes el anhelo de una vida dichosa, abundante y satisfactoria para ti y los tuyos. Aprender sobre nuestros cuerpos y sobre nosotros mismos es un paso necesario para alcanzar ese objetivo.

Y creo que la vida de una persona podría metafóricamente verse reflejada en una flor de loto. Esta flor sagrada tiene la capacidad de sobrevivir en condiciones para nada favorables, es reconocida por crecer en entornos lodosos y pantanosos, por lo que se asocia con los procesos vitales que una persona debe sobrellevar. Una flor de loto existe en completa armonía incluso en medio del caos, o del espeso fango.

Una flor así no se compone de elementos individuales o separados, cada una de sus partes forma un todo. El loto es integral: sus pétalos, su tallo, las raíces y su bulbo son un complemento de la unidad, dependientes uno del otro. Si una de esas partes se encuentra mal, la flor entera enfermará. Sucede lo mismo en nosotros: si una emoción nos afecta a nivel espiritual, nuestro cuerpo físico será el que lo refleje. A veces, el problema que se puede observar en los pétalos se encuentra en la raíz o en el tallo. Me parece precioso compararnos con una planta de flor tan bella. Tenemos muchas similitudes.

Recuerdo una vez que visité un templo en Vietnam en temporada de lotos. Es una de las experiencias más hermosas que se almacenan en mi consciente. En un pasillo del templo lleno de agua turbia y de aspecto lodoso, esas flores prístinas y blancas, abiertas de par en par, recibían la vida y expresaban su triunfo. Habían crecido impolutas y en armonía.

Esa imagen viene a mí cada vez que me siento desanimado: la flor meciéndose con tranquilidad y calma, imperturbable, en una cama oscura de fango.

A lo largo de este libro hablaremos de cómo podemos florecer a pesar del caos, cómo podemos crecer a pesar de existir en el lodo, igual que una flor de loto.

Comprenderás que así como puedes remodelar tu cuerpo mediante ejercicios, terapias y ajustes, también tienes el poder de mejorar si sufres de una enfermedad, a través de ejercicios mentales y ajustes del pensamiento. Al desvelar la esencia de tu afección y entenderla en profundidad, descubrirás el mensaje que tu enfermedad quiere darte. Este proceso implica sanar las causas desde su origen, en lugar de simplemente atender los efectos superficiales. Recuerda, la enfermedad comúnmente se manifiesta como una consecuencia, casi nunca es la raíz del problema.

Quizás estás buscando en el bulbo de tu flor, cuando deberías buscar en el tallo. Es decir, te enfocas en el enrojecimiento de tu piel y buscas la enfermedad en la irritación, cuando tal vez la causa está en tu corazón lastimado o en tu autoestima herida.

De eso se trata en parte este libro: de llevarte al origen, de comprender y sanar desde la esencia.

Encontraremos juntos cómo trabajar en armonía con tus creencias, emociones y traumas pasados, así que permíteme guiarte en el proceso de sanarlos. Es importante que este camino lo tomes con seriedad y amor, porque representa tu compromiso con la coherencia, la integridad y la alegría. Es el sendero que demuestra que estás preparado para abrazar la vida en la forma que realmente deseas.

Con cada paso que des, estarás escribiendo tu propia historia de sanación y transformación. Avancemos hacia la armonía. Atraviesa el caos, crece alto y magnífico a pesar del lodo que la vida te pueda presentar. ¡Vamos a crear una vida preciosa!

Este libro es una herramienta de introspección y trabajo personal que te puede ser útil para conocerte y aprender a vivir en mayor coherencia con tu ser esencial. Es también un cuaderno de trabajo que facilitará la armonía entre tu mente, tu cuerpo y tu emoción. Encontrarás aquí algunas reflexiones y ejercicios prácticos, te invito a que los realices con consciencia y presencia.

Desde este momento, aprecio tu valor para ser consciente y sanar. Agradezco tu confianza, y bendigo tu lectura y la consciencia que brotará de tu reflexión. Bendigo las acciones valientes y asertivas que realizarás para florecer... para abrirte y expandir tu armonía y tu belleza: esa luz inmensa que ya habita en ti.

Para arrancar con este hermoso descubrimiento, comparto contigo la siguiente afirmación:

Soy consciente de que mis pensamientos, emociones y actos influyen en mi salud.

Me responsabilizo amorosamente.

Y me declaro sano y en armonía.

Capítulo dos

Entender tus cuatro cuerpos

Cómo la enfermedad y el caos viajan de plano en plano

> *La armonía hace crecer las cosas pequeñas; la falta de ella hace que las grandes cosas se deterioren.*
>
> SALUSTIO

En una ocasión, tuve el privilegio de atender a una señora de ochenta y siete años. Cuando llegó a mi consultorio, no era capaz de levantar sus brazos. Su rostro reflejaba un profundo dolor, acentuado por la tristeza de no poder cargar a su adorada nieta. Este dolor no sólo se manifestaba en lo físico, sino también en lo emocional. La preocupación por su capacidad de cuidar y sostener a su pequeña nieta fue la fuerza impulsora que la llevó a buscar mi ayuda. No era tanto la molestia de no poder elevar sus brazos más allá de la altura de sus hombros lo que la inquietaba, pues podía inventar formas alternativas

EL LOTO DE LOS SEIS PÉTALOS

para lidiar con ello. Lo que en realidad la afligía era la incapacidad de alzar a su pequeña, y esta carga emocional iba más allá de lo que cualquier dolor físico pudiera causar.

A medida que profundizamos en su historia, emergieron las raíces del problema: había sido apartada de su hogar e internada en un asilo por sus hijos, situación que había desencadenado en ella una profunda sensación de invalidez. Sentía que no podía cuidar de sí misma y que se había convertido en una carga para los demás, lo que generó un fuerte sentimiento de culpa y tristeza. Un profesional médico previo había afirmado que su problema no tenía solución debido a su avanzada edad. Sin embargo, su camino la condujo a mi consultorio en busca de una posible esperanza.

En el lenguaje no verbal, el acto de elevar los brazos por encima de los hombros simboliza el triunfo y el éxito. En este caso, la imposibilidad de alzar sus brazos indicaba que ya no sentía que pudiera alcanzar el triunfo en su vida ni experimentar el éxito en ningún sentido.

A lo largo de semanas de trabajo conjunto, empleando técnicas de reprogramación del pensamiento y diversas terapias (que incluyeron el uso de afirmaciones como "Puedo valerme por mí misma"), presencié un increíble cambio en esta valiente señora. En una sesión posterior, la vi entrar con ambos brazos arriba, en un gesto de victoria. Había logrado sostener y cargar a su amada nieta, y su rostro irradiaba una alegría que no cabía en palabras. Su transformación fue más allá de la resolución del problema físico: abordamos también el aspecto emocional subyacente. En esta historia, encontramos el poder de sanar tanto el cuerpo como el alma, lo que

ENTENDER TUS CUATRO CUERPOS

demuestra que al atender las raíces emocionales, el cuerpo responde y florece en consonancia. Ella sanó sus emociones y eso tuvo una repercusión física. Sanó sus cuatro cuerpos.

Debo aclarar que la sanación es algo integral: si sanas tus emociones, tu alma y tu mente, sanará tu cuerpo también. Aun cuando aparentemente nuestro cuerpo esté saludable, si alguno de estos campos está enfermo, lo más probable es que con el tiempo desarrolles una afección corpórea. Por eso es importante entender estos cuatro cuerpos y comprender que los síntomas sólo son un aviso de algo que debemos trabajar más allá de lo físico.

Estoy seguro de que en este momento el título te ha dejado algo confundido y, tal vez, estarás pensando: "Fer, ¿de qué hablas? Yo sólo tengo un cuerpo". Y bueno, físicamente sí, tienes el cuerpo en el que habitas, pero también tienes otros cuerpos.

Antes de empezar a explicarte qué son estos cuatro cuerpos y qué los conforma escribirás brevemente qué piensas tú que es cada uno de ellos:

EL CUERPO FÍSICO: _____

_____

_____

_____

EL CUERPO EMOCIONAL: _____

_____

_____

_____

El cuerpo mental: _____
_____
_____
_____

El cuerpo espiritual: _____
_____
_____
_____

Permite que te guíe a través de un viaje de autoexploración y autoconocimiento, donde desentrañaremos las maravillas de tu ser y comprenderemos las dimensiones que te conforman y la manera en que éstas interactúan para crear la experiencia de vida que conoces. Te invito a descubrir la complejidad intrínseca de tu existencia, comenzando con una profunda inmersión en los diversos aspectos que configuran tu ser.

Tu primer plano de existencia es el cuerpo físico, una asombrosa maquinaria construida con la solidez de doscientos seis huesos que te sostienen día tras día. Más de seiscientos músculos te otorgan la habilidad de expresarte a través de la risa, las lágrimas, los besos, las muecas, los gestos, los abrazos, correr, brincar y llevar a cabo tus labores diarias. Un cerebro poblado por miles de millones de neuronas. ¿Puedes asimilar que cada una de estas neuronas establece más conexiones que la cantidad de estrellas que pueblan nuestra galaxia? Este hecho es, sin lugar a duda, una maravilla digna de admiración. Cada órgano, meticulosamente entrelazado, opera en sincronía para mantener la función de tu cuerpo con una precisión que supera la imaginación. Somos una sinfonía de casi cien billones de células, organizadas en una coreografía tan precisa que nos permite realizar desde las acciones más básicas e inconscientes hasta las hazañas más complejas. Date un momento para reflexionar sobre esta magnífica realidad: la belleza de lo que tus ojos contemplan, la magia de lo que escuchan tus oídos, la sensibilidad de lo que tu piel experimenta y los sabores que degustas. Este cuerpo físico es, en esencia, el maravilloso vehículo que alberga el alma, la esencia de tu consciencia.

Hemos sido tan intrincadamente diseñados que debemos conocernos a fondo, nutrir y proteger este cuerpo físico. Te invito a la experiencia y exploración para que descubras sus límites, te insto a aceptarlo y valorarlo como el regalo invaluable que nos ha sido conferido.

Reflexiona sobre todas las funciones que tu cuerpo realiza cotidianamente. Piensa en una actividad muy común que realices todos los días, como tomar café, y procura describir cuántos órganos, aparatos y sistemas interactúan hasta en lo más simple. Al hacerlo, agradece a cada elemento y luego al conjunto vital de tu cuerpo, que te permite experimentar esta maravillosa y rica experiencia.

Tomemos como ejemplo beber una taza de café: interviene tu sistema músculo esquelético y movimientos neuronales finos para tomar la taza. Mientras, tu corazón está bombeando sangre y tu sistema olfativo está percibiendo el olor. Al tiempo que tus ojos están focalizados en la taza, tus papilas gustativas comienzan a salivar y haces una respiración muy profunda antes de acercar la taza a tu boca y abrirla con la presión exacta de la mandíbula para absorber el delicioso brebaje. ¿Te das cuenta de lo maravilloso que es tu cuerpo?

Cuando el líquido caliente entra en contacto con tu boca, se activan muchas señales nerviosas y empieza un viaje por un tobogán perfecto que lo llevará por otros órganos a través de tu sistema digestivo, donde se absorberán sus nutrientes y se desecharán sus residuos, en un proceso de transformación tan asombroso que sólo el cuerpo es capaz de hacer.

Ahora elige tú un ejemplo de algo muy cotidiano y escríbelo, maravíllate de la oportunidad que te brinda tu cuerpo al llevar a cabo esta actividad y hacerlo a la perfección. No escatimes en toda la consciencia que este ejercicio te puede aportar. Imagina los movimientos conscientes y los inconscientes. Lo que puedes reconocer que se activa, y los miles de sincronicidades "automáticas" que efectúa esta espectacular maquinaria que es nuestro cuerpo.

_____
_____
_____
_____

El segundo plano de nuestra existencia es el cuerpo emocional. Muchas veces nos encontramos atrapados en la ilusión de que sólo lo tangible es real. Consideremos, sin embargo,

ENTENDER TUS CUATRO CUERPOS

una obra teatral: podemos visualizar el escenario y los actores en escena, pero detrás del telón principal reside un mundo esencial para dar vida a la obra, y detrás de ése, se encuentra el segundo telón, y así sucesivamente. Tu cuerpo emocional, como ese telón esencial, se encuentra detrás del escenario visible y se asegura de que cada escena sea un éxito o un fracaso en la obra de tu vida.

En el cuerpo emocional residen las vivencias y las sensaciones, las creencias que has forjado, tu cultura, tus pensamientos. Todo ello moldea tus interacciones con el mundo. Este plano se nutre de tus experiencias vividas, de las emociones que han venido trazando sus huellas a lo largo de tu camino. Las emociones, tan diversas y variadas como las caras de un caleidoscopio, tejen una compleja trama en este reino interno. Y no sólo porque estas emociones se viven de manera única para cada individuo, sino también porque la interpretación que les conferimos es profundamente personal, trascendiendo incluso las percepciones de otros.

Debemos comprender que la palabra emoción proviene de *emovere*, que en latín significa moverse hacia: la emoción es lo que nos mueve internamente. Es un complejo proceso donde intervienen la percepción, la codificación neuronal y la segregación de químicos en el cuerpo, lo que en conjunto hace que tú tengas una reacción. El sentimiento, en cambio, es una emoción que ya ha sido procesada intelectualmente. Me explico: la emoción es algo mucho más primario, natural y espontáneo; el sentimiento es mucho más racionalizado y genérico. Por ejemplo, el enojo, como nombre genérico sería un sentimiento. Pero en lo profundo, cada uno siente la ira de forma distinta. A veces hay más rabia, a veces más tristeza, a veces más frustración y puede ser, también, que a veces agreguemos demasiado drama.

Imagina las emociones como los colores y los sentimientos como la combinación de colores en distintas proporciones. Podríamos pensar que el violeta es violeta, pero hay una infinidad de tonos distintos; si agregas más o menos azul, el color irá cambiando. Así te sucede a ti. Por eso es tan importante que aprendas a diferenciar lo genérico de lo individual. He conocido gente que piensa que está enojada porque le han dicho que lo que "debe" sentir es enojo. Pero cuando se observa interiormente, cuando revisa el origen, se encuentra con que tiene miedo y la única forma de resolver su enojo falso, es reconociendo su miedo y trabajándolo. En general, se cree que existen seis emociones básicas, que serían algo así como los colores primarios; a partir de estas emociones, en sus múltiples combinaciones, se producen todas las demás.

LA RUEDA DE LAS EMOCIONES

ENTENDER TUS CUATRO CUERPOS

Las seis emociones básicas son: el miedo, la rabia, la alegría, la tristeza, la sorpresa y el rechazo.

Dentro de nuestro cuerpo físico, las emociones se comportan de una manera muy similar a una paleta de colores. En el sistema límbico de nuestro cerebro tenemos un "centro emocional" (la amígdala), que también se relaciona con la memoria y el aprendizaje. Ésta es la encargada de enviar señales a otras partes del cerebro. En estas señales se activan químicos internos del cuerpo que se combinan (como los colores primarios se combinan para dar paso a nuevas tonalidades) y de estos impulsos complejos y compuestos surgen las respuestas que conocemos como emociones. Los temas relacionados con la neurología y la bioquímica son profundos e interesantes, en verdad, pero aquí tan sólo los menciono para que sea más fácil comprender cómo el cuerpo físico y el emocional están tan íntimamente conectados.

Te invito a que hagas ahora una pequeña lista de las emociones que son más comunes para ti. Con cuáles te sientes más cómoda y cuáles te incomodan más. Finalmente, busca relacionar estas emociones con las expresiones físicas que reflejan. Por ejemplo, la angustia es una emoción conocida y frecuente que me incomoda y me molesta. Se refleja como presión en el pecho, falta de aire y peso en mi cabeza.

EMOCIÓN   EXPRESIÓN FÍSICA

_____   _____

_____   _____

_____   _____

_____   _____

EL LOTO DE LOS SEIS PÉTALOS

Este ejercicio te permitirá comenzar a reconocer tu mundo emocional. Es importante que no juzgues las emociones como buenas o malas, sino que simplemente observes cuáles te hacen sentir cómoda y cuáles no. Tener una consciencia emocional es, en sí mismo, un punto a favor de la sanación integral. Comprender tus emociones es un acto de autodescubrimiento y autenticidad, un paso hacia el entendimiento y el crecimiento en todas las dimensiones de tu ser. Recuerda: tienes derecho a sentir.

La buena o mala gestión de tus emociones puede detonar enfermedades, que viajan de un plano a otro. El cuerpo físico es la última expresión de una dolencia o aflicción, pues una vez que existen síntomas visibles significa que ha llegado a su última etapa. No tengas miedo de tener síntomas o enfermedades, éstas sólo vienen a alertarte, quizá te ruegan que pongas atención a algo que has descuidado y que con mucho amor puedes resolver y corregir hasta el punto de volver la enfermedad imperceptible o asintomática.

Imagina que eres como una casa, y el caos del mundo es como la lluvia que ocurre afuera de tu hogar. Estás protegido de ese desorden caótico, pero un día notas que se formó una gotera y el agua de la lluvia comienza a filtrarse en el interior de tu casa. Ahora, el caos ha penetrado en tu refugio, y si permites que esta filtración se agrande y se apodere del espacio, podría dañar tus muebles, las paredes y la estructura de tu hogar. Con el tiempo, sería evidente que la lluvia ha causado estragos. Es importante comprender que el daño no proviene directamente de los muebles ni comienza en el interior; en realidad, se origina con la fuerza de la lluvia, pero aun así

ENTENDER TUS CUATRO CUERPOS

afecta negativamente tu hogar de manera visible. ¿Captas la analogía?

Cuando tus ideas entran en conflicto con tu realidad, es como si tu hogar comenzara a llenarse de goteras. No estás viviendo en armonía porque no estás siendo congruente con tus pensamientos. La salud se basa en la armonía, mientras que el caos conlleva conflictos, enfermedades e incoherencias. Un ejemplo ilustrativo es el caso de una persona que se enamora perdidamente de alguien que no le corresponde: por el dolor, se niega a reconocer que siente ese amor y, por lo tanto, está en constante conflicto. El miedo real al rechazo lo detiene. Y el temor a ser etiquetado como débil reprime los sentimientos amorosos de alguien más hacia una persona de su mismo género. Esta contradicción entre sus verdaderos sentimientos y el conflicto interno pueden llevarlo a la enfermedad, porque no consigue alcanzar la armonía. Es entonces cuando la salud física puede verse afectada. Sin embargo, cuando la persona se permite experimentar y abrazar sus emociones genuinas, encuentra un estado de equilibrio y sanación. En estos ejemplos podemos ver cómo el conflicto entre lo que se siente y lo que *no se debe sentir* genera caos, y el caos es una causa común y poderosa de enfermedad emocional.

El concepto de caos puede variar significativamente, ya que nuestra percepción y comprensión de las cosas es diferente por completo. La ventaja de leer este libro radica en que adquirirás las herramientas necesarias para identificar esas posibles "goteras" que amenazan tu hogar y, de esta manera, evitarás que el caos invada tu espacio y perturbe tu armonía.

En caso de que el agua ya esté infiltrándose y dañando tus muebles, podrás sellar los agujeros por donde se cuela.

Para que te des cuenta de las distintas construcciones que tenemos de los conceptos, haremos ahora un pequeño ejercicio:

Primero, cierra los ojos. Piensa en cómo sientes el amor, cómo expresas el amor. Enseguida, escribe qué es el amor para ti:

Pregúntale a alguien (puede ser una persona que ames mucho o que sea de tu confianza, o puede ser un completo extraño), para él/ella qué es el amor, cómo siente el amor, cómo lo expresa.

¿Te das cuenta de que hay muchas diferencias en las respuestas? El amor, en su esencia, se manifiesta de formas infinitamente diversas. Yo aprendí de esto leyendo un gran libro:

ENTENDER TUS CUATRO CUERPOS

Los 5 lenguajes del amor, de Gary Chapman, donde se plantea que cada individuo tiene una manera particular de entender y expresar el amor. Para algunos, el amor es servicio; para otros, el amor se manifiesta a través de regalos. Cuando tú amas desde el servicio y ofreces ese servicio a una persona cuyo lenguaje es el de los regalos, esa persona no percibirá tu amor. Porque está esperando algo en su propio lenguaje. Esto es muy complejo e importante para la vida, sobre todo en las relaciones de pareja. Te propongo que te acerques y les preguntes a las personas que son importantes para ti qué es para ellos el amor y cómo saben recibirlo.

Imagina el caso de un padre que le demuestra a su hijo su amor comprándole una bicicleta sofisticada y maravillosa, y se ofende cuando su hijo no valora el regalo, ya que lo que el niño quiere en realidad es pasar más tiempo con él, hacer alguna actividad juntos al aire libre o incluso simplemente jugar un videojuego. Ninguno de los dos está bien o mal, cada uno tiene derecho a entender el amor de distinta manera, pero la figura de más consciencia en la relación (en este caso, el papá) debe esmerarse por reconocer cuál es la muestra de amor que el otro necesita y dársela así, sin más.

El amor puede ser un gesto tan sutil como tomar la mano de alguien querido. Tan íntimo como preparar una taza de café para tu pareja y darle un pequeño sorbo para asegurarte de que está en su punto. El amor está en ese momento frente al espejo, cuando te observas y aprecias cada rasgo que conforma tu ser. Se revela cuando compartes tu platillo favorito con alguien y cuando te das el permiso de adquirir algo que te gusta para consentirte. La magnitud de esta emoción es

EL LOTO DE LOS SEIS PÉTALOS

única para cada individuo, y es enriquecida por las vivencias que han coloreado y marcado su vida.

Por eso, veo las emociones como un tapiz de interpretaciones únicas. El plano emocional es una dimensión profundamente abstracta, moldeada por la forma en que codificamos nuestra realidad interior. Aunque este vasto espectro de interpretaciones difiera radicalmente de un individuo a otro, todas y cada una de estas perspectivas son válidas, pues se originan en experiencias personales irrepetibles.

Si exploramos el cuerpo emocional, descubrimos que no reside en una ubicación física concreta en nuestro cuerpo. El amor puede manifestarse como un aleteo en el estómago o un cosquilleo en las palmas cuando se anhela tocar a alguien. No obstante, el cuerpo emocional se encuentra en estrecha comunicación con el físico, y los efectos de uno se reflejan en el otro. Cuando la tristeza envuelve tus pensamientos, es probable que las lágrimas broten naturalmente. Si el miedo se apodera de ti, es posible que tu cuerpo empiece a temblar. Una gama diversa de respuestas físicas surge ante las diferentes emociones, distintas para cada individuo. Comprender esta compleja interconexión nos llama a recordar que la manera en que los demás sienten no debe ser juzgada. Ya sea que consideremos que experimentan emociones de manera intensa o de forma distante, esta evaluación es subjetiva. Debemos recordar siempre que las emociones son vivencias personales y nadie las experimentará exactamente como lo hacemos nosotros.

A medida que navegamos en esta exploración profunda, se revela la importancia de abrazar la diversidad de las emociones, aceptando su complejidad y variabilidad como un testimonio de la individualidad humana. Esta travesía nos desafía a comprender cómo las diversas dimensiones interactúan y moldean nuestras vidas, y nos permite aceptar cada faceta de nuestro ser con autenticidad y apertura.

Damos un paso más en nuestro viaje introspectivo y nos adentramos en el tercer cuerpo: el mental. Aunque podríamos asociarlo directamente con el cerebro, su presencia también se manifiesta en otras áreas. Este reino es la génesis de nuestros pensamientos, la fragua donde moldeamos nuestras ideas y reflexiones. Sorprendentemente, el cuerpo mental entrelaza sus hilos con los dominios emocional y físico, tejiendo una red de interconexiones. Las corrientes de pensamientos tienen la capacidad de desencadenar estados emocionales específicos, que a su vez generan una respuesta física: así se manifiesta el intrincado enlace de estos cuerpos.

Una experiencia que permanece grabada en mi memoria ilustra la influencia de este cuerpo. Durante un viaje a Japón en compañía de amigos, nos encontramos en el metro de Tokio. Al ser mexicanos y estar acostumbrados a una comunicación más enérgica, iniciamos una charla de tono relajado, inmersos en bromas y chistes triviales. Sin embargo, la mirada de los pasajeros nos atravesaba con perplejidad. Sus rostros revelaban desaprobación e incluso rechazo. En su universo mental, estructurado por sus propias creencias, cultura, educación y contexto, nuestro comportamiento se había convertido en una ofensa. Descubrimos que en Japón hablar en voz alta en el metro es considerado una falta de respeto, y nos sumergimos en la reflexión de cómo nuestras acciones, inocentes desde nuestro prisma cultural, podían generar tales percepciones en otros. Este ejemplo evidencia cómo el cuerpo mental opera de acuerdo con el aprendizaje social y las normas inculcadas.

Según sus creencias, estábamos haciendo algo incorrecto, y eso los incomodaba emocionalmente, lo que provocaba un rechazo evidente en su cuerpo físico: miradas penetrantes, tensión en los músculos e incluso una coloración rojiza en su piel, fruto del enojo. Para nosotros, en nuestra mentalidad relajada, se reflejaba en emociones de bienestar y confianza que producían una respuesta corporal distendida, con las manos sueltas y una sonrisa natural en los labios.

Cuando nos percatamos de la "falta", nuestro campo mental juzgó de inmediato como "malo" el comportamiento, y esto nos llevó a emociones de vergüenza y culpa que oprimieron nuestro pecho y nos hicieron sentir pequeños (queríamos desaparecer y que nos tragara la tierra). Nos encorvamos ligeramente e interrumpimos de golpe todo el diálogo, mientras nos mirábamos unos a otros como niños después de hacer una travesura.

Todo esto pasó en instantes. Con esa rapidez funciona la interconexión de nuestros diferentes cuerpos.

El cuerpo mental puede enfermar al cuerpo físico, al igual que los demás, y su reacción es casi inmediata: el abuelo de un amigo se ponía extremadamente mal cada vez que veía a una persona rusa (o que le parecía que lo era). Él era polaco y, debido a los conflictos bélicos en su región de origen, tenía

⊰ ENTENDER TUS CUATRO CUERPOS ⊱

dificultades para enfrentar cualquier situación que le recordara esos acontecimientos traumáticos. La persona rusa en cuestión podría haber nacido muchos años después de tal evento, o ni siquiera ser rusa de origen ni de nacimiento, pero eso no impedía que el abuelo, desde su juicio y percepción, experimentara malestar estomacal, náuseas y un profundo desasosiego emocional.

Recuerdo también a una joven que nunca logró superar por completo una infidelidad que había sufrido en su adolescencia. Cada vez que notaba comportamientos inusuales en su pareja, aun cuando no había evidencia de engaño, ella sentía una angustia tan intensa que su cuerpo reaccionaba de manera virulenta. Su estómago se volvía incapaz de retener los alimentos y los expulsaba de la peor manera posible.

Éstos son dos casos distintos que muestran cómo diferentes emociones derivadas de pensamientos o ideas (aun cuando son erróneas) pueden desencadenar síntomas físicos en cuestión de segundos, manifestando la influencia directa de la mente en enfermedades estomacales.

Cobra consciencia de cómo a veces tu pensamiento "interpreta" una situación de una manera determinada. En realidad, tal vez haya ocurrido algo muy distinto a lo que tú comprendiste. Incluso podría suceder que percibas como ofensa algo que era un halago. Entonces, el complejo mecanismo de tu entendimiento mental distorsionado y equivocado pone en movimiento una segregación de sustancias que interfieren de manera negativa en tus emociones y respuestas corporales. Además, todo esto ocurre de forma casi instantánea. Desde el cuerpo mental se inicia una cadena de

EL LOTO DE LOS SEIS PÉTALOS

reacciones que repercute en el cuerpo emocional y en el físico, hasta experimentar una sensación de malestar que podría llegar a enfermarnos.

Retomemos la idea general: cuando estamos bajo el dominio del cuerpo mental, operamos bajo la influencia de lo que hemos aprendido y asimilado, que conforma una realidad definida. La sociedad, nuestro entorno y experiencias pasadas tejen una realidad en la que trazamos nuestras ideas, valores y percepciones. Este cuerpo es la pieza clave que rige nuestro comportamiento, basado en lo que consideramos correcto y adecuado, o incorrecto e inapropiado. Es también el lugar desde el que juzgamos a otros y a nosotros mismos, y puede ser un tirano absoluto o un cruel inquisidor. Sobre todo, cuando sólo repetimos las "programaciones" que adquirimos mucho tiempo atrás. Estas ideas y juicios son el principio de las guerras: "Odio a mi vecino porque me enseñaron a hacerlo, sin que haya hecho nada, y él me odia a mí, sin conocerme, sólo porque le inculcaron que así debía ser".

Te propongo que observes cómo juzgas algo que te parece malo. ¿Qué emociones surgen cuando piensas que un evento o una persona cometió una "falta"?

Escribe enseguida cómo tus pensamientos te llevan a generar emociones constructivas. Cuando ves a alguien que te parece buena persona, ¿qué emociones y reacciones físicas te provoca? Cuando supones que alguien es malo o peligroso, ¿qué emociones brotan y cómo se reflejan en tu cuerpo?

ENTENDER TUS CUATRO CUERPOS

Juicio negativo

¿Qué emociones te provoca y qué reacciones se expresan en tu cuerpo físico?

_____
_____
_____
_____

Juicio positivo

¿Qué emociones te provoca y qué reacciones se expresan en tu cuerpo físico?

_____
_____
_____
_____

¿Eres consciente de cómo el resultado es tan diferente?

Seré claro: una idea, suposición, creencia o imagen mental puede ser o no ser correcta, pero de igual modo te predispone, limita o secuestra dentro de los límites de tus ideas.

¿Cuántas veces has juzgado mal, y cuántas te han juzgado mal?

EL LOTO DE LOS SEIS PÉTALOS

Llegamos ahora al último de los cuerpos: el espiritual.

Esta dimensión, tan intrincada como las anteriores, nos eleva a un plano más allá de las limitaciones terrenales. Su complejidad radica en que este cuerpo espiritual ya está siendo moldeado incluso antes de nuestro nacimiento. La gestación, el proceso de embarazo y la situación de nuestros padres en el momento de la concepción dejan una huella imborrable en nuestra esencia. Es un tejido de energías que trasciende las barreras del tiempo, nutriéndose de factores tan profundos como los contratos de vidas pasadas y los karmas generacionales. El cuerpo espiritual se convierte en la suma de experiencias que van mucho más allá de nuestra vida actual, como hilos que nos conectan con nuestra esencia en dimensiones temporales previas.

Cada uno de los cuatro cuerpos es un universo en sí mismo. Cada dimensión aporta un entendimiento más completo de lo que somos y crea un caleidoscopio de interconexiones entre lo físico, lo emocional, lo mental y lo espiritual. A medida que hemos viajado por esta travesía, nos enfrentamos al desafío de comprender cómo estos cuerpos convergen y dan forma a nuestra experiencia de vida. Este proceso nos invita a abrazar nuestra complejidad y a sumergirnos en la autenticidad y la profundidad de nuestra existencia.

Es crucial que tengamos en cuenta que las circunstancias de nuestro nacimiento influyen directamente en nuestro cuerpo espiritual. Ser un niño nacido en Siria conlleva una experiencia por completo diferente a la de un niño nacido en Manhattan. No se trata de que una vida sea mejor que la otra, sino que las realidades energéticas varían.

ENTENDER TUS CUATRO CUERPOS

Esta perspectiva espiritual, la más profunda de todas, no debe interpretarse como una limitación. Por el contrario, te animo a comprender que puedes trascender estos patrones energéticos preestablecidos. La sanación espiritual es la llave para liberarnos de las cargas que se anudaron incluso antes de que inhaláramos por vez primera el oxígeno de este planeta.

Ampliemos esta idea. En el chamanismo se cree que, al nacer, el niño tiene unos vientos (no físicos) que son como energía que fluye e influye en él.

Básicamente, se habla de cuatro elementos:

1. La importancia del lugar en el que nació.
2. La energía de los padres y la forma de nacimiento.
3. La crianza y las personas con quienes convive en los primeros años.
4. Las creencias y el modo de vida.

De la importancia del lugar de nacimiento resalta la naturaleza: montañas, selvas, cielos, la energía del día o de la noche, la posición de las nubes y del sol. La naturaleza también influye en nosotros en las ciudades, aunque nos sintamos lejos de ella. Observa el lugar que habitas, descubre qué elementos de la naturaleza coexisten. Algunas ciudades tienen montañas o volcanes, otras están en el desierto, con su fuerza profunda, algunas tienen el regalo de un río simbólico o sagrado, otras están pegadas al mar o se elevan hasta casi tocar el cielo. Aunque comprendo que en nuestra modernidad esto parece perderse, las energías de la naturaleza están allí contigo mientras lees. Por otro lado, si naciste de día o de noche, en verano u otoño, con la luz ecuatorial o en la penumbra polar, todo ello influye en ti.

En esta idea de los pueblos originarios, influyen tus padres, tu concepción, su edad y la energía de ellos al concebirte y recibirte. Es importante entender que la vida es una cocreación: hay un material genético y otro emocional. Por eso es lindo si los padres nos concibieron en el amor, en la ilusión, en la dulzura y el libre consentimiento. Con tristeza hemos de saber que si la concepción fue violenta, dolorosa o triste, eso impacta la energía del bebé. La forma en que tu madre vivió su embarazo, en qué campo emocional atravesó esta etapa es importante para ti. También lo es cómo naciste: tu parto es tu primer contacto con el mundo. Si tu nacimiento fue complicado, quizá tu vida lo será un poco; si venías muy enredado, quizá te enredarás en circunstancias concretas.

Querido lector, toda esta información sirve para que tomes consciencia de la influencia de la energía que suma o "afecta" tu vida, pero es información que puedes modificar. Sólo tú eres responsable de dar forma a tu historia personal. Quiero que de toda la información que te voy a compartir hagas una selección de lo que te sea útil. Toma lo que más te aporte y, por favor, entiende que la sabiduría y la verdad sobre nosotros mismos nos hace libres. De ninguna manera quiero que estas ideas te condenen o te limiten. Este libro y toda la enseñanza que comparto es para mejorar, evolucionar y trascender. Con valor y consciencia podemos cambiar incluso las peores influencias y transmutarlas en preciosas oportunidades que nos guíen hacia una vida feliz.

ENTENDER TUS CUATRO CUERPOS

El tercer elemento es muy importante. Las personas que te criaron, tus primeros contactos, tus afectos. Ese núcleo donde creciste te impregna de creencias, de patrones: te muestra cómo es el mundo y como "debería ser". Si en tu primer mundo, sobre todo antes de los siete años, había amor, contención, apoyo y alegría, ésos serán componentes que estarán allí a lo largo de tu vida. Si creciste en abundancia o carencia, compartiendo o en un profundo egoísmo, todo esto va a impactar en ti. Si fuiste criado en una familia numerosa, eso va a influir en tu lugar en el mundo, en cómo te llevas con los demás y de qué manera reaccionas frente a los otros. Si viviste sola con tu madre, y alejada de otros afectos, quizá tiendas a ser más reservada, cauta y apegada. Y debo reafirmar aquí que todo esto es parte de los vientos que nos influyen, pero cuando creces y pones tu atención en mejorar, toda circunstancia compleja puede revertirse y tu vida va dependiendo de ti cada vez en mayor medida.

El cuarto elemento es el cultural, social, étnico y tradicional. Desde la lengua que aprendiste a hablar hasta la comida que te habituaste a degustar, son hilos que tejen la red sobre la que se va formando tu existencia. Aquí son importantes todas las creencias, tus mapas de la realidad, tus introyecciones. Tus valores, principios y hábitos. La forma en que te describieron la realidad y cómo la incorporaste poco a poco. Las ideas que te llevaron a entender el mundo y sus fenómenos. No piensa igual una mujer criada en un pequeño pueblo, bajo las ideas de la culpa y el castigo, que una mujer educada en un ambiente internacional, en una ciudad cosmopolita, con padres abiertos a la cultura.

EL LOTO DE LOS SEIS PÉTALOS

Esta forma de relacionarnos con la "realidad" se absorbe en la energía de cada uno, así como en el inconsciente, y se estructura como pilares firmes sobre los que crecemos y nos desarrollamos.

Observa cómo estos cuatro elementos influyen en tu genética, en la estructura de tu cuerpo. Cómo viven en tus emociones: si eres temerosa o valiente, confiada o renuente al cambio. Observa cómo tu cuerpo mental fue forjado de alguna forma en los primeros años a través de las personas que te enseñaron la vida y sus significados. Y cómo todo ello está indeleblemente presente en tu energía, tu vitalidad, tu inspiración y tu ser. Allí donde la espiritualidad brota y surge.

Uno de los personajes que más admiro es el poeta chileno Pablo Neruda. Es un hombre fascinante, hablando en términos artísticos. Nació en el sur del continente y decía que aquellos lugares fríos y de árboles inmensos se le habían metido tanto que toda su poesía llevaba el aroma de esos primeros recuerdos. Siento que cada uno de nosotros vamos por la vida perfumados de nuestro hogar, de nuestra historia y origen. Mientras escribo esto, pienso en Santa Cruz, en su campo terregoso, en las notas de mi papá y el aroma de la cocina de mi abuela. Pienso en mi amigo de la infancia. Toda esa mezcla ecléctica está siempre en mi enseñanza.

CÓMO SE RELACIONAN LOS CUATRO CUERPOS

Solía tener una paciente diagnosticada con diabetes, una enfermedad que la medicina considera irreversible e incurable.

ENTENDER TUS CUATRO CUERPOS

Esta paciente creció en un entorno familiar en el que expresar la necesidad de afecto se veía como una muestra de debilidad. Su padre, en particular, siempre le decía que buscar amor de manera insistente la convertiría en una persona "arrastrada" y que, al hacerlo, perdería su dignidad. La paciente, al recibir el diagnóstico de diabetes, asumió erróneamente que la enfermedad era hereditaria, ya que su abuelo también la había padecido.

Sin embargo, la realidad era que la falta de afecto, el anhelo innato de contacto físico y el rechazo experimentado en su familia la habían llevado a enfermarse.

A pesar de tener un deseo profundo de dar amor, tenía dificultades para expresarlo, lo que terminó por manifestarse en problemas de salud. Cuando logró establecer la conexión entre su enfermedad y un patrón energético que podía cambiar, comenzó a sanar sus síntomas. Mantuvo conversaciones importantes con su familia nuclear (esposo e hijos): les pidió que la llenaran de amor en la medida de lo posible. Desde ese momento, sus hijos y su esposo comenzaron a abrazarla con frecuencia, proporcionándole el cariño que tanto necesitaba. Este proceso de apapacharse mutuamente contribuyó de manera significativa a su proceso de sanación.

Su cuerpo físico había sido diagnosticado con diabetes. Su cuerpo emocional anhelaba amor desesperadamente, pero sentía que no podía recibirlo. Su cuerpo mental se encontraba atrapado en una estructura de debilidad: su padre le había inculcado la creencia de que buscar amor la haría menos digna y fuerte. Su cuerpo espiritual llevaba consigo la enseñanza generacional de que el amor no se mendiga, y esta

EL LOTO DE LOS SEIS PÉTALOS

creencia estaba vinculada a la enfermedad que, pensaba, era hereditaria.

La sanación de su espíritu se logró al abordar las emociones arraigadas en ella, y que se remontaban a generaciones anteriores a su padre. Su cuerpo espiritual deseaba expresar amor libremente, pero el miedo a faltarle al respeto a las creencias familiares la mantenía en un estado de conflicto.

Cuando por fin se permitió armonizar su deseo de demostrar afecto, sus síntomas de diabetes desaparecieron y la carencia de dulzura se disipó. A lo largo de varios años, ha continuado visitando al médico para asegurarse de que su estado físico no haya cambiado. Sin embargo, puedo asegurarte que ahora puede comer y vivir como desea, sin presentar indicios de que la diabetes esté presente en su organismo.

Logró sanar los cuatro aspectos de su ser.

Si entendemos que el conjunto de la vida es inseparable y que todos los elementos, incluyendo cada rayo de sol, la lluvia, los depredadores y las presas, son necesarios en el bosque, comprenderemos que nuestros cuatro cuerpos también están interconectados y forman una cadena completa. Somos una parte indivisible de la totalidad.

Ahora que hemos establecido esto, te invito a reflexionar sobre tus cuatro cuerpos y cómo los describirías en este momento.

EL CUERPO FÍSICO: _____

ENTENDER TUS CUATRO CUERPOS

EL CUERPO EMOCIONAL: _____

_____

_____

_____

EL CUERPO MENTAL: _____

_____

_____

_____

EL CUERPO ESPIRITUAL: _____

_____

_____

_____

¿Has experimentado un cambio en tu perspectiva en relación con los cuerpos después de haber explorado un poco más sobre ellos?

Desde mi experiencia, he observado que es asombroso pensar que un alto porcentaje de las enfermedades que enfrentamos tienen su origen en el ámbito emocional. Este dato nos lleva a reflexionar profundamente sobre cómo nuestras emociones y pensamientos pueden tener un impacto significativo en nuestra salud física.

Además, algunas enfermedades son generadas por la mente, lo que nos revela el poder que tienen nuestros patrones mentales y creencias en la manifestación de las condiciones físicas.

EL LOTO DE LOS SEIS PÉTALOS

Sin embargo, existen también enfermedades causadas por situaciones físicas, cuando las bacterias o los virus invaden nuestro organismo, o en las reacciones naturales a golpes o lesiones. Este recordatorio nos hace conscientes de la complejidad del cuerpo. A veces te enfermas porque te toca.

A pesar de que nuestras emociones influyen en nuestras defensas y que los pensamientos pueden blindarnos o llevarnos a la enfermedad, también te puedes enfermar por causas ajenas a ti. El cuerpo, como toda maquinaria, se desgasta y a veces la enfermedad es un llamado para regenerarlo.

Es esencial que no caigamos en los extremos ni en visiones fanáticas que se vuelven ilógicas y peligrosas. La medicina convencional es necesaria en muchos casos. Los doctores son expertos en la salud y está muy bien consultarlos. Yo mismo he tomado medicamentos cuando lo he necesitado. Siento la responsabilidad y el cariño para decirte que lo descrito en este libro es muy poderoso y efectivo. Sin embargo, no es mi intención sugerir que se abandonen tratamientos médicos. Ésta es una invitación a reconocer la salud como algo integral, a sanar desde una mirada profunda y poderosa. La gran noticia es que cada vez más profesionales en la salud reconocen la importancia y el rol de la mente, las emociones y la energía en la armonía de nuestro cuerpo.

Un pequeño número de enfermedades se pueden desarrollar en el cuerpo espiritual, previo incluso a nuestro nacimiento. Este dato puede transformar nuestra percepción sobre la salud y la enfermedad, impulsándonos a explorar más allá de los límites físicos y a adentrarnos en el mundo trascendental de nuestras conexiones energéticas y experiencias previas.

⊰ ENTENDER TUS CUATRO CUERPOS ⊱

En resumen, este panorama nos invita a comprender profundamente la interconexión entre nuestro cuerpo físico, el emocional, el mental y el espiritual. Nos incita a adoptar una visión holística de nuestra salud, abrazando la complejidad y multidimensionalidad de nuestro ser.

Para cerrar este capítulo me gustaría que imaginaras por un momento una carreta tirada por caballos. Como las que recorrían los caminos en el pasado. Imagina que la carreta de madera es el cuerpo físico, el que sostiene el viaje. El conductor es el cuerpo mental, el que decide entre las distintas opciones y define la ruta. Luego, están los caballos, la representación del cuerpo emocional: van tirando y avanzando a trote o a galope, llevan la fuerza, la pasión y el impulso. Y por último, más allá del cochero, de la estructura física de la carreta y del brío de los caballos, hay un propósito, una razón para emprender el viaje. Esa motivación que no se ve, esa inspiración que no tiene forma ni color: eso es el cuerpo espiritual. Y es tan importante como cualquier otro elemento.

Cuando todo en el viaje se alinea en coherencia, la travesía suele disfrutarse y llegar a buen puerto. Mientras el coche esté en buen estado y los caballos tiren con ritmo constante, mientras el conductor guíe con firmeza y la motivación mantenga la consciencia de la ruta, todo será bello. Se logrará el viaje.

Te deseo que sepas alinear tus cuerpos y que tus recorridos sean fluidos, felices. Deseo que siempre llegues al mejor destino, a ése que haga brillar tu corazón.

Con este mismo propósito te dejo aquí esta afirmación:

Cada parte de mi ser se integra
en orden y facilidad.

Mi mente y mi corazón se alinean
en armonía.

Mis deseos y acciones bailan
en perfecto balance.

Todas las partes de mi ser vibran
en resonancia y manifiestan
mi mejor versión.

Capítulo tres

Comprendiendo los mensajes de la enfermedad

*La enfermedad es una mensajera.
Escúchala y aprende su mensaje:
entonces, se alejará.
Niégala y lucha con ella, y su
mensaje se hará más fuerte cada vez.*

Fer Broca

Se nos ha transmitido la idea de que la enfermedad es un enemigo implacable, una adversidad que debemos derrotar a toda costa, pero esta perspectiva no siempre refleja la realidad completa. La enfermedad no es un mero destructor, sino un aliado que porta un mensaje crucial para nosotros. Su aparición en nuestras vidas es un llamado a la introspección y el aprendizaje, revelándonos aspectos que antes no podíamos ver con claridad.

EL LOTO DE LOS SEIS PÉTALOS

Es esencial entender que la enfermedad no es un soldado en una batalla por nuestra vida, sino un mensajero que busca mostrarnos lo que necesitamos atender y comprender. Cuando la enfermedad se agrava, no es con el propósito de acabar con nosotros. Es que no hemos sido capaces de escuchar su mensaje. Si persiste, es debido a nuestra propia resistencia, nuestra incapacidad de confrontar la raíz.

Las enfermedades hablan a través de sus síntomas. Si perdemos la voz inexplicablemente, debemos examinar por qué nos hemos reprimido, cómo esta pérdida de voz refleja nuestra falta de expresión. Una indigestión después de una comida compartida en la que sólo nosotros nos enfermamos nos insta a considerar las conversaciones o situaciones que nos "tragamos", sin digerirlas emocionalmente.

Cuando la congestión nasal y el dolor de cabeza aparecen, es crucial indagar qué obstáculos o emociones nos están cegando en la vida. La tristeza, la rabia, la angustia actúan como faros que iluminan partes ocultas de nosotros. Incluso el dolor de un corazón roto puede convertirse en una invitación al cambio positivo, permitiéndonos entrar en nuevos estilos de vida, mejorar y transformarnos.

Debemos investigar qué limitaciones nos impone la enfermedad y qué significado profundo se esconde detrás de ella. El tobillo herido de un atleta resulta completamente distinto al de una persona que trabaja sentada en una oficina. Hay que explorar su simbolismo más allá de lo físico. La enfermedad es una manifestación en un plano visible de causas que residen en planos más profundos, como el mental y el espiritual.

COMPRENDIENDO LOS MENSAJES DE LA ENFERMEDAD

Más allá de los síntomas visibles, la enfermedad tiene raíces invisibles, cuya intensidad determina la fuerza de los síntomas. Entender este complejo proceso nos invita a escuchar más allá de la superficie y a abrazar la oportunidad de crecimiento que la enfermedad nos ofrece.

En una situación bastante común, y muchos lectores se podrán identificar con ella, cuando hemos descuidado nuestro cuerpo y no le hemos concedido el merecido descanso, es muy probable que terminemos atrapados por una gripe o resfriado que nos obliga a tomarnos un reposo obligado. Como si nuestro cuerpo estuviera clamando por descanso y atención, pero no escuchamos sus señales a tiempo.

La presión arterial actúa como una manifestación de las tensiones y estrés del entorno que nos rodea. El cuerpo lleva consigo una carga emocional y energética que se refleja: el estrés resulta abrumador en ocasiones, y se convierte en una presión palpable.

No debemos olvidar que toda enfermedad tiene su raíz, y ésta es multifacética: energética, emocional y espiritual. Por ejemplo, consideremos a alguien que sufre de artritis, una afección que restringe el movimiento y la flexibilidad. Esta enfermedad parece estar relacionada con la rigidez en varios niveles. Puede ser una señal para aquellos que tienen tendencias controladoras, personas que luchan por mantener todo bajo su yugo y no permiten que nada se les escape de las manos. Paradójicamente, la enfermedad les dice que incluso sus manos, que antes manejaban situaciones con precisión, están ahora fuera de su control. Es un mensaje para aquellos que son autoexigentes, para quienes no se permiten

EL LOTO DE LOS SEIS PÉTALOS

ni el más pequeño margen de error. La artritis les recuerda que ya no pueden aferrarse con la misma firmeza y perfección de antes.

En definitiva, cada síntoma y enfermedad lleva consigo un mensaje profundo y simbólico. Son señales que provienen de una interacción compleja entre nuestra mente, nuestras emociones y nuestra espiritualidad. Reconocer estas conexiones nos permite entender plenamente el lenguaje de nuestro cuerpo y avanzar hacia un camino de sanación y equilibrio.

Las emociones son complejas. Cuando las reprimimos y las forzamos, a menudo generan una tensión interna que puede llevar al colapso. Reconocer y permitirnos experimentar nuestras emociones es esencial para el equilibrio emocional y físico. No se trata de negar el enojo o la tristeza, sino de gestionarlos de manera saludable y consciente.

En esencia, la salud es sinónimo de armonía, mientras que la enfermedad representa desarmonía.

La enfermedad no surge de la nada: viaja desde los planos emocionales y espirituales hasta manifestarse en el cuerpo físico. Éste actúa como un espejo que refleja las tensiones y desarmonías previas. Una vez que la enfermedad se manifiesta físicamente, es señal de que se ha alcanzado su última etapa, una llamada a la acción para restaurar la armonía y el equilibrio en todos los niveles.

La salud es el estado óptimo y más ordenado. Es como un bosque. En un bosque saludable, en plenitud, existe un ecosistema diverso y vibrante, donde conviven armoniosamente diferentes especies: arañas, depredadores sigilosos, mariposas danzantes y ardillas curiosas. De manera similar, cuando

COMPRENDIENDO LOS MENSAJES DE LA ENFERMEDAD

brindamos espacio y aceptación a todas nuestras emociones, estamos construyendo una ecología emocional equilibrada. Esta aceptación no sólo es acerca de permitirnos sentir felicidad, sino también tristeza, ira y el espectro emocional completo, creando así una sinfonía interna de sentimientos.

Sigamos con la analogía del bosque: si permites que una sola especie, como las arañas, prolifere sin control y aniquile a otras, como las ardillas, el equilibrio del ecosistema se ve amenazado y el bosque comienza a enfermar. De manera similar, si siempre te exiges actuar de una forma considerada "correcta", tu bienestar se ve afectado. Incluso cuando fuerzas a una emoción, aunque sea positiva, a manifestarse de manera constante, podrías llevarte a un desequilibrio emocional. Recuerda: tienes derecho a sentir. Conforme más consciencia tenemos, vamos sintiendo poco a poco y de forma natural cómo las emociones positivas comienzan a dominar en nuestro cuerpo.

La salud no radica en suprimir ciertas emociones y obligarnos a sentir sólo aquellas que queremos, sino en permitir que todas tengan su lugar y su tiempo, como un bosque diverso y dinámico. Tampoco se trata de favorecer únicamente un tipo de pensamientos o ideas, porque al inclinar la balanza hacia un lado, inhibimos el equilibrio natural y saludable de la vida. Tanto las emociones como los pensamientos son válidos si se viven en coherencia. Es nuestra responsabilidad, parte de nuestra madurez personal, aprender a dirigirlos y encauzarlos de forma armónica. Si en lugar de reprimir y someter, aceptamos y aprendemos, nos transformamos en individuos más conscientes.

EL LOTO DE LOS SEIS PÉTALOS

Observa cómo en tu interior rechazas, limitas o aniquilas un tipo de pensamiento o alguna emoción particular. Ahora mira con profundidad cómo al reprimir esa emoción pierdes la posibilidad de aprender algo de ti. Por ejemplo, al no querer la tristeza, pierdes la posibilidad de escucharte, de acompañarte y de recogerte. O al pensar que tú siempre puedes con todo, pierdes la oportunidad de recibir ayuda o de ser visto con mayor empatía por quienes te rodean.

En conclusión, las emociones y los pensamientos no son buenos o malos, correctos o incorrectos. Son matices de una amplia realidad. Darles un lugar a todos nos permite crecer y ser más conscientes de nuestra existencia como una totalidad que puede expresar y reconocerse en sus diferentes posturas y necesidades. Tendemos a la polaridad, a la dualidad. A creer que las cosas son o no son. Blanco o negro. Así, a veces al negar una emoción "negra" (como el miedo), nos impedimos recibir una señal de alerta que puede ser útil y necesaria. O al favorecer una emoción "blanca" (como la alegría), permitimos que sólo ésta crezca en nuestro interior y perdemos de vista que no es necesariamente "bueno" estar alegre cuando nuestro corazón nos está pidiendo otra cosa. Pasa lo mismo con los pensamientos: si caemos en el exceso de positividad, podemos entrar en una positividad tóxica. Y es ridículo pensar que alguien más realista y aterrizado está viviendo peor que el que siempre sueña y fantasea con una realidad maravillosa. Te invito a que recuerdes que hay muchos tonos de violeta y de algún modo cada uno es bello y necesario.

Elige abandonar la polaridad y aprende a integrar. Cuanto menos deterministas seamos, *incluso en lo que consideramos*

⊰ COMPRENDIENDO LOS MENSAJES DE LA ENFERMEDAD ⊱

correcto, más amplia será nuestra relación consciente con la totalidad.

La verdadera salud emocional se relaciona con vivir en armonía contigo mismo y con tu entorno. No se trata de negar o ignorar lo que ocurre a tu alrededor, sino de aceptar y enfrentar lo que sucede. No se basa en indiferencia, ni en un estado de perpetua felicidad, sino en una coexistencia armoniosa con todas las facetas de la vida. Este enfoque es necesario para adentrarte en el primer pétalo de la flor de loto de tu bienestar: aprender a cultivar la armonía en medio del caos y encontrar tu centro en las emociones y las experiencias que te rodean.

Las emociones que no expresamos, lo que no nos permitimos sentir, lo que reprimimos nos inclina a colapsar. Yo entiendo que a veces es muy difícil experimentar las emociones por lo abrumadoras que pueden llegar a ser, por lo avasalladoras que resultan cuando nos inundan, pero te prometo que, si aprendes a gestionar tus emociones en vez de negarlas (aun los sentimientos feos como el enojo o la tristeza), lograrás cambiar drásticamente tu vida.

La sanación no se limita sólo a la persona que experimenta la enfermedad, también involucra a quienes la rodean y la acompañan en su proceso. Viene a mi mente el caso de un matrimonio español que tenía un hijo con autismo. Los tres compartían la condición de su hijo, pero cada uno la experimentaba de manera diferente. Se acercaron a mí en busca de ayuda para su hijo con respecto a su enfermedad.

Cuando logré conectar con el niño, me reveló que, a pesar de estar en su propio mundo y ser diferente al de sus padres, se sentía bien y feliz de ser amado. Sin embargo, le preocupaba profundamente que sus padres estuvieran tristes todo el tiempo debido a algo que él no consideraba una limitación para vivir en armonía. Fue entonces cuando comprendí que, en realidad, la "enfermedad" era la culpa y la angustia que sentían sus padres. Estaban constantemente atormentados por la pregunta de si habían hecho algo mal y cargaban con el peso emocional de sentirse responsables de la condición de su hijo.

Cuando ambos padres comenzaron a sanar estos sentimientos y a liberarse de la culpa y la obsesión, se dieron cuenta de que si bien su hijo tenía una condición especial, no estaba enfermo en el sentido convencional. La sanación se extendió a los tres, a pesar de que los padres no compartían la condición de autismo de su hijo.

No permitas que sentimientos como la culpa, el resentimiento y la obsesión te consuman constantemente, ya que, si les das poder, te enfermarán. Esto es algo que enfatizo como una urgencia: debes erradicar estas emociones negativas. Aprende a perdonarte y a canalizar esas emociones negativas hacia algo positivo. Siéntelas y luego déjalas ir, porque sólo son emociones. Si logras hacer esto, estarás un paso más cerca de encontrar la armonía en medio del caos en tu vida.

Aclaro, no estoy diciendo que escapes de la negatividad o que la niegues. Obsérvala, aprende de ella, sé consciente de su mensaje y luego trasciende sus efectos y, en lugar de quedar atrapado en sus pantanosos bucles, elévate como el loto y ábrete con lucidez para tomar los aprendizajes y vivir de manera armónica y saludable.

Ahora que tienes estas bases, vayamos a los pétalos, a descubrirlos y a aprender de cada uno. A emprender ese camino de la semilla que atraviesa el fango y emerge en busca de la luz. Ésta es la travesía del espíritu humano: se lanza en búsqueda del brillo, la claridad, la armonía y la verdad. Se vuelve hacia la luz.

Para finalizar y destacar la importancia de la armonía en todo lo que nos rodea, dejo en tus manos esta afirmación:

> Mi cuerpo, mi mente, mis emociones y mi energía interior se alinean en orden y paz.
>
>
>
> En coherencia, vivo saludable y feliz.

Capítulo cuatro

Primer pétalo

La vida, la raíz y la tierra

La Tierra y la vida están interconectadas en una danza eterna de armonía.

Anónimo

"Fer, la verdad es que me quiero quitar la vida".

La ausencia del dolor físico no necesariamente es sinónimo de salud, pero la represión de emociones sí demuestra que estamos muertos en vida. ¿Por qué se llega al punto de quiebre sin explorar la oportunidad de hallar la luz en nuestro interior?

Llegó a mi consultorio una persona sumamente interesante: Catalina. Era una mujer de gran belleza, con una situación económica muy cómoda. Parecía tener su vida resuelta. Era una empresaria muy respetada, atlética, con una aparente buena salud. Sin embargo, tiempo atrás había entrado en un estado depresivo muy fuerte, por lo que me sorprendió escuchar las palabras que salieron de su boca.

Catalina me explicó que no encontraba una razón para sentirse viva, que no había nada en su interior que la motivara a seguir adelante. Sufría de una severa depresión desde hacía un par de años. Se comparaba todo el tiempo con otros en todo lo que hacía y constantemente se sentía insatisfecha. Cualquier logro que alcanzaba se veía empañado por su profunda desilusión hacia la vida, y pasaba la mayor parte del tiempo quejándose por todo. Recuerdo que la palabra *no* parecía ser su constante compañera. Todo lo que decía venía antecedido por esa palabra: "No estoy feliz", "No tengo ganas", "No se puede", "No tengo esto" o "No es suficiente".

A pesar de su aspecto radiante, esta admirable mujer, a quien aprecio profundamente, afirmaba que dentro de ella sólo existía un vacío imposible de llenar. Había intentado quitarse la vida en una ocasión y su frustración era tal que empezó a desarrollar enfermedades, no mortales, pero sí de importancia y extremadamente dolorosas. Incluso había buscado ayuda psicológica que no la satisfacía. Había acudido a psiquiatras y, a pesar del esfuerzo de éstos, su condición sólo empeoraba. Su situación despertó en mí una gran compasión. Estaba tan desconectada de la vida que no lograba encontrar ningún tipo de placer en ella.

Lamentablemente, esto sucede con muchísimas personas. Nos hemos acostumbrado tanto a vivir en automático que olvidamos disfrutar de las pequeñas cosas maravillosas que nos brinda el hecho de estar vivos.

Existe la falsa creencia de que es demasiado complicado estar presentes y conectados con la vida. Nada más lejos de la verdad. Las cosas más simples y pequeñas pueden ayudarnos

PRIMER PÉTALO

a reconectar con el presente. Seguramente has escuchado la frase "estar aquí y ahora", y es posible que consideres que no tiene sentido o que es imposible estar en otro lugar que no sea el que ocupas en este momento. Sin embargo, esto suele ocurrirles a las personas que están habituadas a pensar demasiado en el futuro y se preocupan todo el tiempo por sus pendientes, por lo que nunca están verdaderamente presentes y enfocadas en el momento actual. ¿A qué me refiero cuando hablo de estar presente? En ocasiones, somos como un recipiente con muchos agujeros que permiten que la energía escape por todas partes. Estar en todos lados menos en el momento que estás viviendo sólo te priva de disfrutar la vida y genera un desgaste considerable. ¿Dónde te encuentras en este momento? ¿Sientes comodidad en el lugar en el que estás? ¿Has notado la suavidad de tu ropa hoy? ¿Qué opinas de la sensación de las páginas que estás pasando con tus manos ahora? Es probable que no hayas notado ni siquiera la textura de las hojas ni el aroma que se desprende cada vez que abres el libro.

Si estás leyendo esto y sientes la necesidad de releer porque no entendiste alguna parte; si vas pasando las páginas, pero no te enteras del contenido; si pierdes el hilo del mensaje porque tu mente divaga continuamente, entonces estás desconectado de tu presencia. Los pequeños actos son reflejo de lo trascendente. Imagina si en tu día a día te pierdes de los diálogos de los que amas. Si divagas mentalmente mientras estás rodeado de personas maravillosas, que no valoras. Esa desconexión del sentir, del vivir, del presenciar en verdad lo que ocurre nos invita a pensar que quizás estás desconectado de la vida y del presente.

EL LOTO DE LOS SEIS PÉTALOS

Sería muy útil para ti que observes qué tan "desconectado" estás. Que les preguntes a las personas cercanas si sienten que cuando estás con ellos, en verdad estás ahí. Y que tú misma te permitas mirar en tu interior y observar qué tan viva y presente te sientes.

Disfrutar de la vida no se trata de tener todo resuelto. Puedes encontrar una gran alegría (y te recomiendo que la busques) en cosas como escuchar tu música favorita, recostarte boca arriba para contemplar las nubes y el cielo, apoyarte en un árbol y sentir su rugosa textura, experimentar el viento soplando y revolviendo tu cabello en un día ventoso, admirar los amaneceres cálidos y los atardeceres que se tiñen de un intenso color naranja, observar un arcoíris de reojo, cargar a un bebé, acariciar a un animal, escuchar el silbido de los árboles cuando el viento pasa por sus hojas, disfrutar del canto de los pájaros o caminar descalzo. Éstas son cosas que, estoy seguro, te suceden a menudo. Ahora, pregúntate cuántas veces te das cuenta de ellas y las disfrutas de verdad. Muy pocas, seguramente, si no es que las tomas a la ligera o las das por sentado. Quizá ya has dejado de prestarles atención.

¡Debemos sentirnos realmente vivos para vivir de verdad! No atravieses tu vida preocupándote por la realidad que podrías tener, ni dejes de experimentarla mientras persigues algo más. No pienses que debes alcanzar una meta antes de comenzar a disfrutar la vida. Sé que muchas personas nos fijamos propósitos y pensamos cosas como "No estaré tranquilo hasta que tenga mi propia casa" o "Cuando termine de pagar mi auto, podré usarlo como deseo". Es absurdo. Te invito a aprovechar, compartir y gozar las cosas que ya estás

PRIMER PÉTALO

viviendo como si mañana ya no fueran a estar disponibles. Debemos vivir cada momento al máximo. Si cada día haces lo que te toca en el presente, estoy seguro de que la vida te traerá mejores resultados.

La vida fluye mientras esperamos que algo extraordinario suceda y, a menudo, pasamos por alto la totalidad de nuestra existencia. Un día, despiertas sintiéndote agotado y envejecido, sin haber apreciado plenamente cada día que respiraste, porque estuviste anhelando algo que nunca se materializó.

Sin embargo, te compartiré un secreto: aquello que esperas con ansias tal vez llegará más rápido y de formas más perceptibles si aprendes a disfrutar cada momento. Cuando vives en el presente y te conectas con tu esencia, dejas de pasar tanto tiempo en tu mente, atrapado en tus pensamientos. En su lugar, te sintonizas con la realidad, te sumerges en el instante que estás viviendo y abrazas las emociones que fluyen en tu interior. De esta forma, lo que mereces encontrará su camino hacia ti, sin que lo estés bloqueando por estar obstinado en buscarlo. ¿Te ha pasado alguna vez que buscas algo con tanta desesperación que cada vez lo pierdes más? Y entonces descubres que, si lo hicieras con serenidad, si de verdad lo buscaras con paz, probablemente lo hallarías más rápido.

No tengas miedo a tener raíces. Seduce pensar que los globos pueden elevarse a grandes alturas, pero también es cierto que pueden perder su rumbo sin anclajes. Es fundamental recordar que los árboles más altos son precisamente aquellos con raíces más profundas. En medio del caos de la vida, es fácil perder el contacto con lo que nos sustenta y divagar sin rumbo; sin embargo, te aseguro que aplicando la estrategia correcta es posible volver a enraizarte.

Dentro de nuestros cuatro cuerpos, las raíces se manifiestan de maneras diversas.

En el cuerpo físico, nuestras raíces residen en nuestro esqueleto; nuestras piernas y pies forman los cimientos que nos mantienen en pie y en equilibrio.

En el cuerpo emocional, nuestras raíces están en nuestros padres y las personas que nos criaron, moldeando nuestras primeras experiencias emocionales.

En el cuerpo mental, nuestras raíces se encuentran en los pensamientos que albergamos y en las creencias arraigadas que hemos mantenido desde la infancia. Estos pensamientos y creencias son los cimientos de nuestras percepciones y juicios.

Por último, en el cuerpo espiritual, nuestras raíces se entrelazan con nuestros propósitos de vida. No necesitas realizar hazañas grandiosas; la simplicidad de vivir plenamente en el presente es suficiente para nutrir estas raíces y conectar con tu ser espiritual.

La conexión con estas raíces en los cuatro cuerpos es esencial para alcanzar una vida plena y consciente, en armonía.

Cuando flotamos como un globo, enfrentamos dificultades para materializar nuestros deseos en la realidad. Pasamos tanto tiempo planificando, pensando e idealizando que nunca actuamos. Aterrizar las cosas se vuelve un desafío y nuestros planes se acumulan en una lista interminable que nunca llegamos a concretar.

Cuando aprendes a vivir en el presente y conectas con el momento que estás experimentando, te resulta mucho más sencillo concretar tus proyectos para hacer realidad tus sueños. Recuerda: una clave de la realización es el equilibrio. Sólo elevarte te desconecta, pero si sólo vives en la tierra pierdes perspectiva, creatividad e imaginación. Por lo tanto, lo más útil es mantener la armonía entre ambos polos.

Para dejarlo muy claro: un corredor que quiere correr un maratón tiene claro su objetivo y, sin embargo, hace su entrenamiento todos los días saliendo a correr distancias más cortas, quizá cinco, diez o incluso veintiún kilómetros, sin perder de vista la meta mayor. Sabe que si cumple con sus entrenamientos con disciplina y constancia, llegará a la carrera tan preparado que todo estará listo para que cruce la meta. Igual nos pasa en la vida: tenemos que encargarnos de vivirla en presente, hacer cada día lo que nos toca, pero sin perder de vista nuestro objetivo y, al mismo tiempo, sin dejar de estar aquí y ahora por la obsesión de alcanzarlo.

Volviendo a la historia de Catalina, te cuento que un día alguien le regaló un perrito. Al principio, ella no lo quería, pues no se permitía ni un solo instante de descanso. ¿Cómo podría cuidar de un ser vivo? Pasaba todo el tiempo buscando la felicidad en el exterior, en una incansable persecución. Sin embargo, al darse cuenta de que, si devolvía al cachorro, éste probablemente terminaría en un lugar terrible en el que sufriría o incluso moriría, decidió abrirle un espacio en su vida. El perrito la llevó de vuelta al presente, la obligó a estar en el aquí y el ahora.

De algún modo, el cachorro necesitaba de ella en presente: debía alimentarlo, sacarlo a pasear. Darle amor, convivir con este mágico ser. Por supuesto, al hacer todo esto fue encontrando un propósito. El perro le enseñó a relacionarse y le dio amor, ese amor incondicional que, aunque ella deseaba, no se atrevía a pedir. En fin, ambos se convirtieron en medicina y presencia.

Catalina comprendió que lo único que le faltaba para sentirse satisfecha era reconectarse. Volver a sus raíces, recordar quién era. De esta forma, nos fue más fácil aplicar una serie de ejercicios para ayudarla en su proceso. Su perrito le proporcionó un propósito que la redirigió al entendimiento de la belleza de la vida, y yo le proporcioné las herramientas necesarias para que este camino de vuelta a ella misma fuera más simple. Aprendió diversas formas de dejar de vivir en automático y volver a centrarse en su presente.

El primer gran paso de Catalina fue perdonar a sus padres, aquellos seres que la habían traído a este mundo. En su contacto inicial con la vida, había experimentado una molestia profunda hacia su origen y herencia. Sin embargo, al aprender a honrar sus raíces, logró liberarse de un pasado que le imponía expectativas agotadoras para su futuro. Cada vez que alcanzaba alguna de sus metas, no experimentaba ni una pizca de satisfacción. Constantemente buscaba en sus parejas el cariño que no había obtenido de sus padres, pero solía conectarse con personas tan vacías como ella. Lo mismo le sucedía en su trabajo, que era mecánico, automático. Fue necesario que perdonara las carencias que había experimentado en su infancia para que por fin pudiera reconectar con su esencia. Poco a poco fue tomando una decisión transformadora: abandonó su empleo gradualmente para dedicarse por completo a cuidar de los perros que no habían tenido la

PRIMER PÉTALO

fortuna de encontrar un hogar permanente. No se volvió salvadora (no sacrificó su vida por los perros), sino servidora. Los ayudaba tanto como podía, pero su vida era más que sólo los perros que rescataba.

Estoy seguro de que, en algún rincón del mundo, Catalina se encuentra feliz y realizada con una vida bonita e integral. Sospecho que tendrá pelos sobre la ropa, pero también una mirada llena de fuerza y una sonrisa discreta al sentir que encontró su lugar.

Sí tú estás viviendo o has vivido algo como lo que le pasó a Catalina, esa insatisfacción permanente, verás que, si te comprometes con la presencia, el amor y la vida como un acto pleno y consciente, puedes cambiar tu destino y encontrar la armonía. Así que aquí vamos, éste es el primer pétalo para poder ir creando una flor de loto integral, que crezca en equilibrio desde los cuatro niveles y aporte al mundo, a quienes te rodean y a la vida misma una inmensa armonía.

A continuación, te comparto siete pasos que pueden ser de mucha ayuda para arraigarte y vivir con mayor presencia y realización:

1. El primer paso fundamental consiste en **cumplir las promesas que hacemos**. Es esencial que nuestra palabra tenga solidez y peso, ya que el poder cumplir nuestros compromisos acentúa nuestra energía de una forma muy poderosa. Debemos llevar a cabo por completo las acciones en las que nos involucramos porque cuando asumimos estos acuerdos con la vida, el universo establece un compromiso con nosotros y nos responde de manera más rápida y efectiva. Por ejemplo,

si dices: "A partir de este lunes, comenzaré a asistir al gimnasio", y luego incumples esta responsabilidad, tu palabra pierde validez porque no la has respaldado con acciones. Esto puede sonar simple, pero es un principio poderoso. Vive en coherencia con lo que dices y si te comprometes en algo, llévalo a cabo hasta el final. Sé consistente con lo que expresas y cumple tus promesas. O bien, aprende a guardar silencio o a tomarte el tiempo para elegir qué es lo mejor para ti.

> Cuando te comprometes con la vida, el universo lo hace contigo y te ayuda con el cumplimiento de tus deseos.

2. El segundo paso crucial es **ser puntual**. El respeto por el tiempo, tanto el tuyo como el de los demás, desempeña un papel vital en este proceso. Cada minuto que transcurre es valioso e irrepetible, cada segundo es un regalo que se nos ha otorgado con la condición de que lo aprovechemos al máximo. ¿Conoces a personas puntuales? No importa si llueve o si hay tráfico, siempre llegan a la hora acordada. Por otro lado, las personas que suelen llegar tarde, incluso cuando han salido con anticipación a su destino, no valoran este recurso de la misma manera. Esta cualidad es una manera de expresar al universo que aprecias el obsequio temporal que te ha dado y que respetas el de los demás. Como resultado, el universo tiende a ayudarte para que las cosas fluyan mejor en tu vida.

PRIMER PÉTALO

3. El tercer paso fundamental para cultivar este arraigo esencial será **prestar atención a tu posición,** es decir, cómo te encuentras parado en la vida, no sólo físicamente, sino también emocionalmente. Debes considerar cómo está tu autoestima y cómo te encuentras en términos de energía y emociones. ¿Has notado a esas personas que caminan por la calle y que, sin importar su apariencia, es imposible pasarlas por alto? Estas personas irradian algo agradable, son gente luminosa y positiva, te sientes cómodo a su alrededor, verlas es inevitable porque atraen con su gentileza. Esto se debe a que su energía irradia confianza, sus creencias están firmes y sus raíces están bien colocadas, se ven erguidos, sin importar la postura en la que estén.

Recuerdo una experiencia así. Iba llegando a la ciudad de Upsala, en Suecia. Vi a una mujer en una de las estaciones del tren cantando con una voz profundamente emotiva sobre su tierra natal. Sus ojos preciosos no me miraban directamente, pero sentía que atravesaban mi alma. Tenía el cabello cubierto con un pañuelo de un color vibrante parecido al de sus faldas. Se notaba que el sol había tostado su piel durante muchas jornadas, porque su rostro estaba moteado de pecas y tenía un color rojizo. Los ademanes que sus regordetas manos hacían al entonar su canto eran hipnotizantes. Se trataba de música ancestral transmitida de generación en generación, sin necesidad de partituras. Esta mujer estaba parada en medio de los andenes, en medio de cientos de personas que pasaban de un lado a otro, pero nadie se atrevía a cruzar el círculo imaginario que su melodía había creado. Muchas personas la miraban, pero lo que me llamó la atención fue

EL LOTO DE LOS SEIS PÉTALOS

cómo se formaba una esfera perfecta de energía a su alrededor, impenetrable. No es que pudiera ver un halo rodeándola o un límite dibujado con gis. Lo sentía. Y todo esto se debía a su postura y presencia.

Su canción tenía el poder de transportarte a las amplias montañas donde había nacido, su voz te hacia intuir el frío viento del invierno (aunque era verano). Su figura fuerte y suave al mismo tiempo te arrullaba entre inmensas praderas que ella encarnaba y compartía con naturalidad. Hasta el día de hoy, no estoy seguro de qué hablaba la letra, pero siempre recuerdo la sensación que experimenté.

Esta mujer tenía una claridad total sobre dónde estaba parada, no sólo físicamente, sino también emocional, mental y energéticamente. Conocía sus raíces y las extendía hasta donde llegaba su voz. Ella me recordó que cuando pones tu energía en el aquí y en el ahora, expandes un campo invisible pero perceptible que impacta a los que te rodean. Así que pon tu energía en el aquí y el ahora. Sé que no cantaba en sueco, y también que provenía de alguna región fría del este europeo. Incluso en mi corazón se dibujó el paisaje de su niñez y los cantos que había aprendido, tal vez, de su abuela. Para mí, su recuerdo es un regalo. Adonde sea que vayas, si vas con el corazón, llevas tu casa, tu origen, a tus ancestros y tu mundo interior contigo.

Permíteme ofrecerte una pequeña afirmación que puedes repetir siempre que lo necesites para mantenerte en el presente. Cierra tus ojos y di, al despertar y antes de dormir:

◦⟩ PRIMER PÉTALO ⟨◦

> ESTOY FIRME Y POSITIVAMENTE ARRAIGADO
> AQUÍ Y AHORA, CON TODO MI SER.

Esto significa que estás presente con tu cuerpo físico, experimentando tus emociones en calma, enfocando tus pensamientos en lo que ocurre en el momento actual y atrayendo toda tu energía a este instante. En el momento actual y el espacio, en el aquí y el ahora...

4. El cuarto paso, de suma importancia, implica **establecer límites en tu vida**. Cuidar de ti mismo implica saber decir "sí" de manera clara y efectiva, sin necesidad de repetirlo una y otra vez. También significa aprender a decir "no" sin sentir la obligación de justificarte o tener que decirlo más de una vez. Imagina si alguien quisiera subirse a tu cama con los zapatos sucios; seguramente, no lo permitirías. De la misma manera, no debes permitir que las personas ensucien tu alma, tu ser. No dejes que traspasen tus límites simplemente porque éstos no están lo suficientemente definidos. ¿Alguna vez has tenido que repetir un "sí" o un "no" demasiadas veces? Quizá tus límites no estén bien delimitados y los flexibilizas demasiado.

Cuando alguien te ofende o te lastima, es fundamental establecer límites claros, puntualizar la situación y cerrar la puerta para que no se repita el daño. Si tú mismo ignoras tus límites, es probable que otros perciban que no tienen valor y los pisoteen. No tengas miedo para establecerlos, recuerda

EL LOTO DE LOS SEIS PÉTALOS

que deben ser asertivos y beneficiosos para ti, diseñados para tu crecimiento y bienestar.

5. El quinto paso, que personalmente encuentro muy gratificante, consiste en **pasar tiempo en la naturaleza de manera consciente**. Debes sumergirte en esta experiencia de forma que te permita reconectar profundamente. Camina descalzo sobre el pasto, acuéstate en la tierra o en la arena, y vuelve a sentir el mundo bajo tu cuerpo. Es una oportunidad para restablecer ese vínculo con la naturaleza que a veces olvidamos. Observa la luna en el cielo y permítele que su luz te alumbre hasta lo más profundo. Deja que las nubes te muestren diversas imágenes y te narren sus historias.

Aquí tienes un consejo especial para cuando sientas que has estado flotando por demasiado tiempo, como un globo a la deriva. Toma una pequeña manta y busca una superficie lo más cercana al suelo que puedas encontrar, ya sea el pasto, un tapete o incluso tu propia cama. Luego, imagina que eres una semilla. Recuéstate en posición fetal, envuélvete en una manta para que sientas cómo te abraza. Haz una respiración profunda y siente la energía de la Tierra, como si fuera una madre amorosa que te rodea con cariño y afecto. Te acuna, te imparte su energía vital. Te enraíza en la tierra y te devuelve al núcleo. Esto te proporcionará una sensación de protección y comodidad; permitirá que tu energía se reintegre y sientas calma. A su vez, te ayudará a que tengas presencia para que puedas actuar con claridad.

Recuerda que la tierra y la vida son una misma entidad. Dondequiera que mires, encuentras vida, y toda esta vida es

PRIMER PÉTALO

parte de nuestro planeta. Pasar tiempo en la naturaleza significa conectarse con la vida en su forma más pura. Sin embargo, no se trata sólo de atravesar la naturaleza, sino de apreciarla en su totalidad. Incluso si no tienes un jardín cercano, un parque o un bosque, siempre que levantes la vista, el cielo te recibirá. Una mariposa revoloteando en el aire, el canto de un pájaro, la brisa en la piel. Permite que toda esta belleza te abrace, y devuélvele ese abrazo al universo. Unos cuantos minutos con consciencia pueden ser un cambio radical.

6. El sexto paso, aunque puedas sentir cierta resistencia al principio, implica **escribir una carta de agradecimiento a tus padres**. Es posible que te preguntes: "¿Por qué debería de sentir agradecimiento hacia ellos?". La verdad es que hay mucho que reconocerles, en particular por haberte dado la oportunidad de existir en este mundo. Esta carta está destinada exclusivamente a expresar gratitud. Si por la razón que sea decides que ahora no puedes o no quieres agradecer, te sugiero no hacer esta carta. Es importante que sepas que es válido respetar tus sentimientos por tus padres. No "debes" sentir gratitud forzosamente. Cada uno tiene su propia relación con sus progenitores y cada uno elige cómo la vive o la manera en que se relaciona con ellos.

Busca un espacio tranquilo y toma una hoja de papel y un lápiz, o incluso usa tus notas en tu dispositivo móvil si lo prefieres. Antes de empezar, realiza una serie de respiraciones profundas para conectarte con tus sentimientos y luego comienza a escribir: "Querida madre, querido padre..." (puedes usar su nombre propio). Tiene que ser algo que salga con

EL LOTO DE LOS SEIS PÉTALOS

naturalidad de ti, así que, si no sientes este afecto, no te obligues a calificarlos como "queridos". Pero recuerda que esta carta no es el lugar para expresar quejas ni recordar rencores. No importa las cosas que puedan haber hecho mal; en esta carta, te concentrarás en las cosas que valoras y agradeces.

Podría ser tan simple como: "Agradezco y honro todas las enseñanzas que me brindaron, los valores que me transmitieron y las oportunidades que se presentaron en mi vida gracias a que me trajeron al mundo. Ahora quiero expresarles mi más sincero reconocimiento: gracias, gracias, gracias". Si sientes que las palabras fluyen desde lo más profundo de tu corazón, puedes elaborar un mensaje más extenso. Para el amor y el agradecimiento, no existen límites.

Ésta es una oportunidad para reconocer la vida que te dieron y expresar tu agradecimiento sincero. Incluso si ellos no estuvieron cerca de ti, si en algún momento te sentiste abandonado o sufriste de una orfandad, recuerda valorar el hecho de que, pese a todo, te dieron la vida. El propósito de esto no es justificar sus malas acciones o lo que te hicieron sentir en su momento, sino de que te enfoques tan sólo en la gratitud.

Tus padres son tu origen, así que es importante honrarlos y respetarlos. Y, sobre todo, reconocerles ese mérito. No te pido que vuelvas a hablar con ellos si te han lastimado. Recuerda el paso de poner límites: si ellos los sobrepasaron, es válido que no quieras que vuelvan a pisotearte, pero es muy sano agradecerles que te trajeron a esta vida.

Sé que al hacer tu propia carta encontrarás liberación y paz. Puedes hacer este ejercicio aunque tus padres hayan muerto, o si por alguna circunstancia no los conociste. Es una

❦ PRIMER PÉTALO ❦

carta de ti para ellos, desde la paz, con el propósito de sanar y vivir en armonía.

7. Por último, el séptimo paso implica **una experiencia sensorial** que es altamente recomendada por expertos en psicología y especialistas en crecimiento personal. Esta técnica te ayuda a anclarte en el presente y a reconectar con la realidad. En múltiples circunstancias, este ejercicio puede ayudarte.

Puedes hacerlo al despertar o antes de dormir, para relajarte. Sin embargo, te sugiero que lo hagas en distintos entornos y momentos para que sea más poderoso. Así que colócate en una posición cómoda, inhala y exhala con suavidad y, lentamente, de forma consciente y pausada, realiza una enumeración mental de la siguiente manera:

- Cinco cosas que puedes ver a tu alrededor.
- Cuatro sensaciones físicas que estás experimentando en ese momento. Puede ser cómo tu cabello roza tu frente, cómo tus zapatos se ajustan a tus pies o cómo sientes la textura de tu ropa sobre tu piel.
- Tres cosas que puedes escuchar, incluyendo tu diálogo interior.
- Dos cosas que puedes oler a tu alrededor.
- Una cosa que puedes saborear, ya sea que estés disfrutando de un bocado o que tan sólo sientas el sabor residual en tu boca.

Esta práctica te ayudará a conectarte plenamente con tus sentidos y te traerá de regreso al presente. Hará que tus conexiones cerebrales se enfoquen en lo que está pasando a tu alrededor en tiempo real.

Confío plenamente en que si sigues estas recomendaciones y practicas estos pasos constantemente (por lo menos una vez a la semana) y los vuelves parte de tu rutina, notarás cambios en tu vida y, como Catalina, podrás florecer. Este ejercicio es una poderosa herramienta para ayudarte a volver al presente. Para vivir en la consciencia del aquí y el ahora.

Finalmente, antes de terminar este capítulo, te propongo las siguientes preguntas. Date tiempo para reflexionar sobre cada una y escribe tus respuestas, estoy seguro de que te darán claridad y perspectiva acerca de lo que has aprendido en esta parte del libro.

¿Qué significa estar vivo?

_____

_____

_____

¿Qué te conecta con la vida?

_____

_____

_____

¿Qué te desconecta de la vida?

_____

_____

_____

❧ PRIMER PÉTALO ❧

¿A quién admiras por "estar realmente vivo"? ¿Qué puedes replicar de ese modelo en tu vida?

_____

_____

_____

¿En qué etapas de tu historia sentiste que estabas desarraigado, flotando, perdido y sin rumbo? Revisa tus cuatro cuerpos, cómo estabas en cada nivel y qué aprendiste de la situación.

_____

_____

_____

¿Qué te ayudó a volver a ti y a sentirte vivo nuevamente?

_____

_____

_____

Escribe tres compromisos que puedes establecer para mantenerte aquí y ahora, presente, consciente y arraigado a la vida.

1. _____

2. _____

3. _____

Ahora, crea un mantra personal. Por ejemplo:

Estar vivo es... estar feliz

Estar vivo es... comer delicioso.

Estar vivo es... amar a mi familia.
Estar vivo es... sonreír.

Adáptalo a tu propia realidad interna y, cada vez que lo repitas, siente la vida dentro de ti.

Por último, comparto la siguiente afirmación:

Me arraigo con firmeza.

Estoy presente y mi luz está aquí conmigo.

La vida fluye limpia y equilibradamente a través de mi cuerpo.

¡Estoy muy bien ahora!

Capítulo cinco

Segundo pétalo

La energía creativa, el placer y la sexualidad

> *La energía creadora fluye a través de nosotros como un río infinito de posibilidades.*
> DEEPAK CHOPRA

¿Alguna vez te has preguntado cuándo eres más prolífico en tus creaciones? ¿Cuándo has tenido las mejores ideas que te han llevado a proyectos extraordinarios? A menudo se piensa (erróneamente) que esto sólo ocurre cuando uno está completamente feliz y en paz, pero la energía creativa no es exclusiva de las personas que tienen una vida perfecta y sin problemas. La creatividad está siempre con nosotros, como una chispa que espera el viento y el combustible para encenderse y brillar. Todos podemos despertar esta energía creadora. Es un derecho al que todos tenemos acceso y, de hecho, algo que deberíamos cultivar de manera constante. El caos también es

EL LOTO DE LOS SEIS PÉTALOS

un fuerte impulsor de creación, en realidad. Es cierto que el resultado puede distar de ser positivo o el deseado, pero la energía está ahí. Por esto es muy importante que aprendamos a encauzar de forma constructiva esta potente fuente de poder y realización.

Quizá pienses que no eres una persona particularmente creativa. Tal vez nunca has incluido habilidades de esta índole en tu currículum porque te consideras pragmático, lógico y carente de imaginación. Sin embargo, todos poseemos la capacidad de crear. Aunque algunas personas parecen tener un don natural para ello, en realidad sólo están más en sintonía con sus cuatro cuerpos y los tres temas que exploraremos en este capítulo.

La fuerza creativa emana desde lo más profundo de nosotros. Piensa en un artista que admires y consideres talentoso en su campo, ya sea actor, compositor o pintor. Son personas que han vivido experiencias profundas, y no necesariamente porque sean únicas, sino por la manera en que han sido capaces de experimentarlas y comprenderlas en su interior, para darles vida después como una creación magnífica. Todos hemos tenido el corazón roto en algún momento, y quizá más de una vez, ¿cierto? Pero no todos logramos convertir esas experiencias en obras creativas, en gran parte porque no utilizamos su influencia desde lo más profundo de nuestro ser. En ocasiones, las ignoramos o las bloqueamos, incluso.

Recuerdo haber conocido a un talentoso compositor mexicano a quien considero excepcional. Estoy seguro de que muchas otras personas comparten esta opinión, dada su gran influencia en el mundo de la música. Durante una conversación que

SEGUNDO PÉTALO

sostuvimos, compartió conmigo que sus composiciones más destacadas habían surgido en momentos de emociones intensas. Me narró una experiencia particular en la que, tras poner fin a una relación, el dolor que estaba experimentando en su interior le resultaba insoportable. En lugar de reprimir esas emociones, tomó la decisión de encerrarse en su cuarto junto a su teclado y permitió que sus sentimientos fluyeran libremente. Componía mientras las lágrimas caían y no impuso restricciones a sus pensamientos, permitiendo que todo se reflejara en sus notas. Reflexionaba sobre las palabras no dichas y los deseos no cumplidos en su relación, mientras comprendía que ya no podría realizarlos. Con todas esas emociones fluyendo a través de él, creó letras y melodías que eventualmente se transformaron en canciones tan extraordinarias que ahora todos conocemos. Y estoy seguro de que tú las has cantado por lo menos alguna vez en tu vida.

Se nos ha enseñado a suponer que la energía creativa sólo se manifiesta en momentos idóneos, casi místicos. Sin embargo, la felicidad no garantiza la creatividad. Ésta requiere de impulsos profundos que generen un movimiento interior que, a su vez, desemboque en un momento creativo. No se trata tan sólo de sentir, sino de saber cómo sentir.

No permitas que las emociones te arrastren como una tormenta. Te invito a que comiences a redirigirlas de forma constructiva y positiva. Incluso en el dolor y el caos, cuando una emoción es bien encauzada puede dar resultados preciosos.

Entiendo que todos anhelamos evitar el sufrimiento en la medida de lo posible. Sin embargo, es crucial comprender que enfrentar momentos difíciles es parte natural de la vida y una oportunidad para aprender y crecer. La forma en que gestionemos estas emociones y canalicemos la energía que emana desde lo más profundo de nuestro ser depende de nosotros. No debemos evitar la creación por temor a sentir con intensidad. De ahí que la humanidad cuente con destacables escritores que supieron convertir los dolores de la inmundicia y los estragos del progreso en bellas obras a pesar de la crisis, la tristeza o la injusticia. Personas como Federico García Lorca y otros grandes autores vivieron fuera de las normas e impulsaron grandes cambios en el pensamiento colectivo a través de su arte, su poesía o su estilo narrativo, que se convirtió en una inspiración artística para muchos otros.

Esto es una muestra de que la creatividad también se halla en los lugares menos esperados y bajo las situaciones más adversas, porque el recurso creador es interno y proviene de tu esencia, de tu ser. Aprende a observar esos instantes de inspiración y fuerza generadora. No sólo enfocados al arte en su sentido más puro, sino para establecer estrategias de crecimiento, logros personales, inspiración para ti y los tuyos, y senderos para alcanzar tus sueños.

Permite, por ejemplo, que tus emociones se conviertan en un elemento enriquecedor en tu vida. Permite que tu energía creativa fluya de manera positiva, y dirígela hacia proyectos y actividades que te enriquezcan. Muchas personas no consiguen enfocarse en esta energía, y a menudo se distraen con vicios y sensaciones superficiales para evitar enfrentar sus emociones en estado natural y puro, lo que, lamentablemente, puede detener su proceso creativo. O incluso ser causa de enfermedad o insatisfacción.

SEGUNDO PÉTALO

Todos tenemos un propósito en la vida y disfrutamos reconociendo y sintiéndonos orgullosos de lo que hemos logrado y creado. En este momento, estoy escribiendo este libro para ti; tú, al leerlo, estás creando la oportunidad de transformar tu vida. De tal manera que mi fuerza creadora puede ser acogida e inspirar tu fuerza creadora. Algunas de las ideas que aquí has aprendido, bien colocadas en tu interior, pueden abrir nuevas veredas y posibilidades que, a su vez, pueden inspirar a tu entorno prolongando así el ciclo de la fuerza creadora.

Ten en cuenta que la creatividad se presenta de diversas formas, incluso en actividades cotidianas como cocinar. O al decorar un espacio común de tu casa y dejarlo maravilloso. Al combinar tu ropa con accesorios arriesgados que te hagan sentir única. Al diseñar una presentación profesional en tu trabajo. Un ejemplo de cómo la energía influye en el proceso creativo es el sabor especial que dejas en la comida que preparas cuando estás en un estado emocionalmente positivo y alegre al momento de prepararla. Y así como la comida, cuando estás en una vibración elevada, tus conductas y labores tienen un toque especial.

Como verás, la creatividad está en muchas áreas de nuestra vida, desde cómo resolvemos circunstancias inesperadas, hasta la manera en que empleamos el lenguaje o pensamos fuera de los límites convencionales. Cada trabajo, por más simple que parezca, conlleva un acto de creatividad y creación, aunque no siempre lo percibamos.

La vida misma está intrínsecamente vinculada a la creatividad y la creación, ya que cuando dejamos de crear, nuestra vitalidad interior se desvanece, como una planta que carece de sol y agua. Nos marchitamos si negamos esa conexión emocional que nos permite generar esa energía.

Me encantaría compartir contigo un consejo valioso: cuando experimentes emociones intensas, ya sean positivas o negativas, en lugar de dejar que te abrumen, permíteles fluir y pregúntate qué podrían inspirar. Representan un vasto manantial de energía creativa, no las rechaces. Si te sientes profundamente triste, date permiso de expresarlo y sanarlo a través de algún pasatiempo o actividad. Si te encuentras eufórico y lleno de emoción, aprovecha ese poderoso impulso. Si estás luchando contra el insomnio, no te enfrentes a la desesperación, deja que se manifieste a través de tus palabras: toma un cuaderno y escribe hasta que desaparezca.

También te pido que, constantemente, pienses en lo creativo que eres. Cierra tus ojos y reflexiona sobre lo que has logrado crear en tu vida. No te limites a conceptos específicos. Podrías haber concebido un proyecto maravilloso en la universidad, un cuento fascinante para una tarea o incluso una deliciosa receta de un platillo que descubriste en internet. Esculturas de plastilina, un suéter tejido, cualquier cosa que haya salido de tu mente y se haya materializado a través de tus manos. Existe en la forma en la que decides vestirte, los accesorios o zapatos que usas, en la ruta que eliges para evitar el tráfico, en el menú de tu semana, en el corte de cabello que elegiste, en cómo te expresas y qué palabras utilizas. Hay quienes se deciden a decorar pasteles, su espacio, sus cuadernos, sus ojos con maquillaje. También eres creativo si eres gracioso, ocurrente, si tu velocidad mental hace que tengas

❧ SEGUNDO PÉTALO ❧

temas de conversación. Se pueden encontrar expresiones de creatividad en las cosas más sencillas y simples de tu vida. Ésta es simplemente infinita.

Sería interesante que probaras qué puede ocurrir cuando utilizas tus manos, tu mente y cualquier recurso que tengas a tu disposición para crear algo, cualquier cosa. ¡Descubre cómo puedes producir maravillas con poco! A lo largo de estos días, mientras lees este libro, rétate a crear algo que nunca hayas hecho. No tiene que ser estéticamente perfecto o práctico; simplemente busca recordarte que posees todas las herramientas para canalizar esta energía creativa.

Quizás estas preguntas te pueden ayudar a profundizar y entender qué tan creativo puedes ser.

Para ti, ¿qué es ser creativo?

_____

_____

¿Te sientes creativo? ¿Por qué?

_____

_____

¿Puedes recordar un par de eventos en los que aplicaste tu creatividad, quizá para resolver una situación compleja o para crear un juego, proyecto o plan innovador?

_____

_____

> *Ahora vuelvo a preguntarte, ¿te sientes creativo?*
>
> _____
>
> _____

Espero que este ejercicio te haya abierto la mente para convencerte de que eres un ser creativo y que la creatividad está en todos lados, en prácticamente todo lo que hacemos.

Pero no sólo necesitamos desarrollar la creatividad para alcanzar la armonía y el equilibrio en la vida, hay otros dos elementos que son fundamentales, pues crean un sustento en nuestra fuerza creadora. Es importante sentirlos, identificarlos e integrarlos para estar conectados con nuestras emociones profundas. Me refiero al placer y la sexualidad. Entrelazados con la energía creativa (de la que ya hablamos), son poder puro. Los tres elementos conforman el núcleo creador y se encuentran presentes en todas las etapas y áreas de tu vida.

EL PLACER

Estamos en una época en la que la sociedad tiene una percepción errónea del significado del placer. Solemos encasillarlo en el exceso. Creemos que más es siempre mejor y que eso nos traerá una mayor satisfacción. Sin embargo, a veces, una pequeña cantidad es suficiente para estar bien.

Al mismo tiempo, existe una profunda represión del placer y una comprensión equivocada del mismo. No todos los

SEGUNDO PÉTALO

placeres son físicos: puedes encontrarlo en la lectura, en la música, en las cosas que ves y hueles, lo que sientes y experimentas. Y éstos cambian a medida que transitamos las diferentes etapas de la vida. Tal vez, a tus veinte años, pensabas que la fiesta, el alcohol y el uso excesivo de sustancias eran la cúspide del goce. Y a tus treinta, el placer más grande lo encontrabas en quitarte los zapatos después del trabajo y acurrucarte a ver la tele con tu pareja. Quizás a los cuarenta, la máxima expresión de disfrute esté en comer tu comida favorita, aunque el comer más de ese pastel, el atiborrarte de tu postre favorito, el tomarte toda la botella de vino, el subirte cien veces a la misma montaña rusa no hará que sientas más placer.

Lo fascinante del placer es esa constante mutación. Para un niño de cinco años, puede derivar de jugar con sus padres, mientras que, para un adulto, puede manifestarse en el disfrute de su canción favorita. Para una joven, podría estar en enterrar sus pies en la arena de la playa. Las cosas que te brindaban alegría ayer quizás evolucionarán con el tiempo.

En la actualidad, muchas personas creen que tener sexo constantemente es un sueño y podrían pensar que aquellos que se dedican a la industria sexual experimentan un placer inimaginable. Y aunque también se presupone que el orgasmo es el rey en la escala del placer, a medida que evolucionamos, vamos encontrando que existe placer intenso en otras áreas. Ahora sabemos que existen orgasmos intelectuales, éxtasis en la meditación y estados profundamente luminosos cuando estamos en contacto con la naturaleza.

El punto es que no siempre "más" es mejor. Si tienes esto en mente irás creando un puente sano hacia el placer. Comerse

EL LOTO DE LOS SEIS PÉTALOS

un chocolate es delicioso, comerse dos puede ser mejor, pero comerse cuatro cajas puede ser desastroso.

Cultural y socialmente, el placer a menudo ha sido malentendido. Se nos ha inculcado que buscar y experimentar placer es incorrecto. Sin embargo, es algo tan inherente a la existencia humana que la ausencia de placer resulta antinatural, aunque no todos tenemos la misma capacidad para conectar con las mismas fuentes de placer. Habrá quienes disfruten de una buena comida y sientan placer en cada bocado, mientras otros pueden hallar satisfacción en la adquisición de ropa nueva y en la emoción de incorporarla a su armario. Algunos pueden encontrar placer en realizar rutinas extenuantes de ejercicio, mientras que otros adoran la experiencia de sumergirse en la lectura de un buen libro, apreciando el tacto de las páginas nuevas y el aroma de la tinta impresa. Todos experimentamos el placer de maneras diversas, y te animo a que lo busques activamente. Persigue aquello que te haga sentir bien, busca tu propia fuente de deleite, algo que te beneficie y te proporcione una inmensa satisfacción.

Debes aspirar a las actividades cotidianas que te satisfacen, pero recuerda que el placer es saludable. En esta vida, abundan los placeres falsos que pueden destruirte y causarte daño. En la verdadera armonía, no hay dolor ni sufrimiento. No hay toxicidad. Las sustancias que te hacen evadir la realidad proporcionan una sensación efímera de disfrute, un falso placer que te deja sintiendo un vacío profundo después de su efecto. Busca aquellas fuentes de goce que no te causen daño y que te llenen de manera perdurable. Que tu placer mejore tu entorno y haga bien a los que te rodean y a ti en todo momento.

SEGUNDO PÉTALO

Si tu placer es egoísta y conlleva daño para las personas a tu alrededor, deberías reflexionar sobre su verdadero efecto en tu vida. Por ejemplo, apostar puede ser emocionante, pero si las apuestas dañan tu relación de pareja o consumen el presupuesto para mantener a tu familia, entonces debemos revisar esa práctica, que podría ser tóxica. Ahora bien, si vamos evolucionando, podemos alcanzar el placer en actividades que traigan bienestar y armonía a nuestra vida y entorno. Quizás actividades recurrentes y sencillas puedan ser una forma bella de gozar del placer.

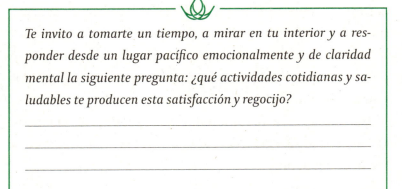

Te invito a tomarte un tiempo, a mirar en tu interior y a responder desde un lugar pacífico emocionalmente y de claridad mental la siguiente pregunta: ¿qué actividades cotidianas y saludables te producen esta satisfacción y regocijo?

_____
_____
_____

El placer no se origina en la acción en sí misma, sino en nuestro interior. Existen placeres de lo más simples, como beber una taza de té, podar tu jardín, refrescar tu rostro con agua fría en un día caluroso. Y otros más complejos, como navegar en un velero por el Mediterráneo. Sin embargo, no es la bebida ni la embarcación lo que genera esta sensación; es tu actitud, tu curiosidad, las ganas de disfrutar y maravillarte ante la vida. El placer está dentro de ti.

EL LOTO DE LOS SEIS PÉTALOS

Es importante tener en cuenta que, incluso estando en un velero en el Mediterráneo, algunas personas podrían no estar pasándola bien. A veces, olvidamos que esas pequeñas cosas que nos brindan felicidad pueden hacerlo una y otra vez si nos lo permitimos. Debemos quitar el piloto automático en nuestra mente y disfrutar esa taza de té con una actitud abierta y de gozo. Procura maravillarte con su sabor, el aroma que emana, la textura de la taza, la transformación del agua, el primer sorbo y la sensación de calor que recorre tu garganta. Debemos mantenernos abiertos a apreciar los regalos que la vida nos ofrece. Esta habilidad para encontrar placer en las cosas más simples te ayudará a alcanzar la armonía, en conjunto con la energía creativa y la sexualidad.

Vamos a realizar una práctica simple que te permitirá conectar con las cosas que disfrutas plenamente y encontrarlas con más facilidad.

Haz una inhalación profunda y cierra los ojos. Lentamente, siente todo tu cuerpo y, ahora, responde sin rodeos a la siguiente pregunta:

¿Qué te daba placer en la infancia?

⁓ SEGUNDO PÉTALO ⁓

A mí me encanta pensar en esta pregunta, porque siempre encuentro cosas tan simples como jugar a las escondidas, andar en bicicleta, comer pastel, los postres que preparaba mi abuelita: deleites sencillos y muy fáciles de conseguir que hacían que alcanzara un nivel de felicidad elevadísimo. Los niños son muy básicos porque entienden que lo más bonito a veces reside en lo más simple. ¿En qué momento dejamos de buscar estas pequeñas satisfacciones y comenzamos a tratar de alcanzar un goce complejo? ¿No te has preguntado por qué ya nada te complace en la edad adulta? ¿Por qué, por más logros que tengas, nada te parece suficiente? Precisamente porque olvidamos lo sencillo que es sentir plenitud en las cosas pequeñas y simples. ¿Has visto cómo un niño vuelve a sonreír y entusiasmarse con la misma película una y otra vez? El placer no tiene nada que ver con "una experiencia". Ese gozo está dentro de ti.

En este capítulo, hemos reflexionado sobre los efectos del placer y los beneficios que éste trae a nuestra vida. Toma unos minutos para meditar nuevamente sobre este tema. No es que tu concepto de placer sea bueno o malo. Tal vez se encuentra desactualizado y está cubierto de polvo viejo, de creencias limitantes y experiencias dolorosas. Es muy útil que profundices en este sentido para que realmente genere un impacto constructivo en tu interior.

Ten siempre presente que poseemos la capacidad de aprender, desaprender, reaprender y construir nuevas rutas neurológicas (mentales) para embellecer o ampliar nuestra consciencia y, por lo tanto, nuestra realidad.

❧ EL LOTO DE LOS SEIS PÉTALOS ❧

¿Qué has aprendido acerca del placer?

Todo el tiempo comparamos nuestro placer con el de otras personas. Estamos siempre pendientes de lo que creemos que los demás sienten y hacen, y suponemos que nosotros debemos sentir lo mismo y de la misma forma. Queremos disfrutar igual lo que —según nosotros— disfrutan los modelos de algún anuncio que vemos en televisión o en redes sociales, cuando quizás ese producto ni siquiera es de nuestro agrado. ¿Sabes a lo que me refiero?

Deja de pensar en cómo sienten los demás, debes sentir como sientes tú. Conecta con tu propio disfrute. No importa qué tan distinto sea, sólo que sea tuyo. Descubre lo importante que es dejarnos de comparar. En la misma playa y frente al mismo mar, cada persona puede estar en contacto con un placer distinto. O estar en desagrado con la situación, incluso.

Ahora que contestaste la pregunta anterior, quiero invitarte a que describas brevemente cómo ha cambiado para ti el concepto del placer en los últimos años, y qué más te gustaría aprender sobre sus características. Identifica, también, cómo puedes integrar las nuevas experiencias que son saludables y nutritivas para vivir con mayor placer.

❧ SEGUNDO PÉTALO ❧

Ahora el placer para mí es:

_____

_____

_____

En este momento de tu vida, ¿cuáles placeres puedes disfrutar de forma sana, consciente y agradable? Puedes escribir cosas como: leer un libro en un parque, comer la comida que prepara mi mamá/mi esposo/mi restaurante favorito, disfrutar mi clase de yoga o de meditación, ver una película o sencillamente observar las estrellas en una noche agradable.

Enuméralos:

1. _____

2. _____

3. _____

4. _____

5. _____

6. _____

Reconocer lo que a ti te genera placer es el primer paso para hacerlo consciente y disfrutarlo sin estar comparando lo que escribiste con lo que les genera placer a los demás.

Recuerdo que conocí a un grupo de jóvenes que, en un momento, se entregaron al consumo de sustancias narcóticas

EL LOTO DE LOS SEIS PÉTALOS

en busca de una experiencia gratificante. Este grupo estaba compuesto por tres parejas de amigos. Al principio, se reunían una vez por semana para disfrutar de un cigarrillo de marihuana. Al adentrarse en esta dinámica, les resultó fácil caer en un patrón continuo de consumo, sin pensar en las consecuencias. Esta práctica les brindaba una sensación efímera y falsa de bienestar, que, con el tiempo, les causaría daño. Poco a poco, aumentaron la frecuencia de su consumo y, sin darse cuenta, dejaron de reunirse para fumar, simplemente consumían la sustancia de manera constante, sin motivo aparente.

Una de las chicas de este grupo, llamada Sofía, llegó a mi consulta visiblemente angustiada, con lágrimas en los ojos, buscando ayuda para superar esta adicción. Entre sollozos, compartió que no podía encontrar alegría en su vida, que no experimentaba paz y que la única manera de sentir cierta tranquilidad y placer era mediante el consumo de esta sustancia. El conflicto era que su atención se centraba en consumir y cuando terminaba, sólo quería volver a consumir para estar de nuevo en ese estado.

Sé que cada persona es consciente y responsable de su vida y sus elecciones. No pretendo tomar una postura sobre lo que está bien o mal. Sólo me gustaría profundizar en ese tipo de "placer pasajero" que, aunque es agradable, nos "secuestra" para ponernos en un complejo estado de ansiedad y nos aleja de toda forma de placer genuino. Si una hora de falso gozo te lleva a una pesadilla de días, semanas o meses, no me parece, en el balance, algo sano. O si vivir el placer sensorial implica caos interior, desdicha en tu entorno inmediato y la pérdida

⊰ SEGUNDO PÉTALO ⊱

del bienestar auténtico, entonces quizá deberíamos redireccionar nuestros hábitos y revisar nuestras elecciones.

Volviendo a Sofía, iniciamos un proceso gradual de recuperación. Le pedí que hiciera un esfuerzo máximo y se abstuviera de fumar durante al menos una semana completa. Además, le asigné la tarea de realizar una meditación tibetana para ayudarla a reconectar con ella misma. En realidad, como ya mencioné, no tengo una postura negativa hacia el uso de sustancias con fines espirituales o de "iluminación". No condeno su uso. Sin embargo, creo que existen caminos hacia una iluminación más profunda y estados espirituales más elevados que no requieren su uso. En lo personal, prefiero evitar su consumo y considero que hacer mal uso de ellas puede afectar de manera negativa los cuatro aspectos fundamentales de nuestro ser a largo plazo.

Sofía siguió con dedicación la meditación tibetana. Aunque la primera semana fue muy difícil, poco a poco se fue sintiendo mejor. No fue sencillo ni se dio por arte de magia: le costó bastante. Me comentó que nunca había experimentado tanta paz interior como cuando realizaba estas meditaciones y describió su bienestar como una experiencia maravillosa. Con el tiempo, se fue sintiendo más cómoda consigo misma y, paulatinamente, tomó la decisión de ponerle fin a su relación. Su círculo comenzó a cambiar en la búsqueda de conexiones más significativas, con gustos afines, y sin darse cuenta dejó de frecuentar a su antiguo grupo de amigos. Sofía me confesó que nunca había alcanzado un estado de éxtasis tan profundo usando sustancias como el que había experimentado durante una meditación en uno de sus retiros. Sus palabras

EL LOTO DE LOS SEIS PÉTALOS

fueron contundentes: "No hay nada que se compare, Fer. Te lo aseguro". Su testimonio es una prueba de que se pueden alcanzar estados de dicha, paz y bienestar sin necesidad de depender de sustancias externas.

¿No te parece asombroso? Creemos que sabemos cómo disfrutar de las cosas. Suponemos que las sustancias y situaciones comunes nos proporcionarán bienestar, cuando en realidad no somos capaces de apreciar la belleza del canto de los pájaros por la mañana, la belleza de la vida al abrir los ojos por primera vez en el día, la sensación refrescante del aire en un día caluroso, el abrazo reconfortante de nuestras cobijas al despertar, la felicidad de abrir los ojos en un lugar que amamos, junto a la persona que más queremos. Estamos convencidos de que disfrutamos plenamente, pero a menudo pasamos por alto las pequeñas cosas que nos brindan una profunda alegría.

Es muy fácil confundir la felicidad verdadera con un placer temporal. La diferencia reside en que el placer temporal es visceral, mientras la felicidad es sutil. El placer superficial consiste en tomar; la felicidad, en dar. El goce efímero se puede conseguir a través de algunas sustancias; la felicidad es intrínseca al estado interior del ser. El placer mal llevado es individual y egoísta; la felicidad es algo que puedes compartir con las personas que amas. Todo lo que genera un placer tóxico puede conducir a la adicción, mientras que nunca ha muerto alguien por un exceso de auténtica felicidad.

Hablando de estos placeres sublimes, me vino a la mente un monje tibetano que conocí durante mi iniciación en el "Buda Verde", un ritual tibetano a través del cual se te confiere la

SEGUNDO PÉTALO

bendición del buda de la medicina. Se trata de un proceso profundo de meditación en el que se activan ciertos puntos energéticos de tu interior: un lama de gran autoridad acciona tu conexión con esta autoridad del rayo verde de la sanación. Los monjes tibetanos suelen llevar una vestimenta específica, rígida, de color naranja, rojo o amarillo, sin ningún otro color. A pesar de esto, uno de sus acompañantes, un monje joven, encontraba una gran satisfacción en usar unos vistosos tenis de extravagante diseño y de una marca internacionalmente conocida. A pesar de su profundo conocimiento de las técnicas de meditación y su experiencia en lugares espirituales elevados, había descubierto que la comodidad de los tenis lo hacían sentir una alegría serena. Mucha gente lo criticaba porque les parecía que eran inadecuados: "no combinaban" con su misión de vida. Pero conversando con él, uno se daba cuenta de que ese calzado le regalaba una sensación de placer muy agradable, provocada al poder pisar con suavidad y comodidad. Esto nos muestra que el placer y la espiritualidad no están en conflicto en lo absoluto, y que ningún ser espiritual debe abrazar la carestía, como si estuviera prohibido tener comodidades. Aunque sé que algunas corrientes espirituales así lo afirman, desde mi perspectiva, todo ser debe encontrarse en equilibrio y armonía, y nada debe restringirlo. Yo me alegré de saber que una persona joven podía tener los colores del occidente en sus pies, y en su corazón, la paz del oriente. Y que todo ello podía coexistir perfectamente. Hoy sigo imaginando a este monje siendo una persona de profunda paz, enseñando sus técnicas por el mundo con sus tenis de colores vibrantes. ¡Qué bonito es estar en paz con uno mismo!

EL LOTO DE LOS SEIS PÉTALOS

Busca lo que te complace, lo que te deleita y te llena de emoción cada vez que lo experimentas. Estos placeres se arraigan en tu ser y se expanden, inundándote con una exquisita sensación de bienestar. Concédete los placeres sencillos, sublimes, que te eleven, despierten tu creatividad y te hagan cambiar tu vida para mejorar.

Aquí tienes un consejo: a partir de ahora, te invito a dedicar un tiempo todos los días para hacer algo que te brinde placer y enriquezca tu vida. Puedes optar por la introspección y la reflexión, leer fragmentos de tus libros favoritos, sumergirte en el silencio, observar los atardeceres o las nubes que cubren la luna. Puedes dedicarte a actividades creativas, como crear collages, jugar con coches de juguete, restaurar muebles o escribir en un diario. Puedes meditar. O simplemente, encontrar un momento para disfrutar de lo que te hace sentir profundamente feliz de estar vivo, incluso si son sólo unos minutos al día. Verás cómo esto transformará tu vida y tu entorno.

Sin embargo, hay algo que no quiero dejar pasar: si tu placer es extravagante, demasiado caro, inaccesible o complejo, quizá sea tan esporádico que termine siendo una efímera experiencia de vida. Por esto creo que, para volverse parte de nosotros, los placeres deben ser fáciles de acceder, simples de realizar y en tiempos concretos.

Te comparto algunos de mis placeres sencillos. Leer unas páginas cada noche de un libro que me llene el alma. Escuchar una canción de salsa alegre y, a veces, hasta bailar solito. Salir a mi jardín y limpiar mis plantas. Elegir por el color qué chal voy a usar o qué pulsera me voy a poner este día. Beber una taza de té por la tarde. Leer los comentarios de mis seguidores en

SEGUNDO PÉTALO

redes. Acariciar un rato el pelo de mis perros. Crear piezas de joyería con piedras naturales. Caminar despacio mientras reflexiono tranquilamente. Rociar algún aceite esencial sobre mi cama antes de dormir. Y podría seguir un largo rato. Esto me ha tomado tiempo, pero te aseguro que dedico atención, energía y gozo a estos pequeños y deliciosos regalos cotidianos.

Ahora te toca a ti descubrir o reconocer algunos de tus placeres sencillos. Enlista tres cosas cotidianas que te proporcionan placer, cosas que puedes llevar a cabo al menos tres veces por semana y que te tomen menos de cinco minutos:

1. _____
2. _____
3. _____

Deseo que poco a poco tu lista se haga inmensa. Te aseguro que la existencia es una vía llena de regalos para quien sabe vivir el placer.

Si estás leyendo este libro, seguramente estás en busca de algo más profundo, explorando más allá de lo cotidiano y eso es bueno, pues te ayuda a encontrar nuevos intereses que te hagan sentir este placer y felicidad. Estás encontrándote para dirigirte hacia la armonía. Los placeres pueden variar desde los intelectuales hasta los terrenales, no lo olvides.

Ahora, echemos un vistazo al último componente de este triángulo.

LA SEXUALIDAD

La sexualidad es mucho más que el acto físico. En ella intervienen la belleza, la intimidad y, en muchos casos, el amor. Podemos abandonar esa vieja idea de que es sólo el acto mismo el culmen del placer y comenzar a ampliar nuestra visión y comprensión sobre el hermoso universo que es la sexualidad.

Está conectada con la fuerza creadora y el placer. Es una energía básica tan fuerte que es capaz de gestar vida. En consulta, he tenido la oportunidad de trabajar con acompañantes de alto nivel que se dedican a la prostitución, y cuya sexualidad está destruida. De ellas he aprendido que no sólo es la cantidad sino el fondo lo que hace una sexualidad sana.

Por otro lado, conozco también una monja que ha sido célibe toda su vida y, sin embargo, tiene una sexualidad sana porque se ama y ha aprendido a vivir en armonía con estos impulsos.

Seguramente tú has experimentado diferentes niveles de sexualidad. Interacciones que son sólo físicas, pero no llevan a nada más que el encuentro carnal. Y, del otro lado, una sexualidad coqueta, seductora, divertida y placentera, que pudo no haber llegado al coito, incluso, pero sin duda te dejó una enorme satisfacción. Una sexualidad sana integra lo físico con lo mental, lo emocional y lo espiritual.

Ojalá que tu mente y tu corazón se fundan en esta bella práctica, con o sin pareja, que la práctica sea coherente contigo y que sepas qué está bien para ti. Por eso, reitero la importancia de los cuatro cuerpos y la necesidad de que la sexualidad sea un acto pleno que involucre una pasión mental,

SEGUNDO PÉTALO

una fuerte carga emotiva y la intervención del cuerpo, hasta formar una hermosa veta espiritual. Por eso, la sexualidad involucra el intercambio de pasión, amor, fuerza y energía. Una sexualidad bien vivida y armoniosa no se basa en la frecuencia de la actividad sexual, sino en la calidad de la energía que intercambias.

Cuando encuentras esa combinación perfecta donde conviven el amor, la pasión, el deseo, la ternura, la complicidad e, incluso, a veces, la amistad, la sexualidad se vuelve una experiencia casi espiritual, y no por eso deja de tener su carga placentera y primitiva. Debemos tener presente que llegar a la cama a experimentar el placer físico debe ser el efecto de una relación de confianza y respeto.

Hace algunos años estudié Tantra. Hay un Tantra de la sexualidad, una manera de vincularnos sexualmente desde la energía, y aprendí una metáfora que nunca he olvidado. Primero, se nos enseñaba que los hombres somos fuego y ardemos. Y las mujeres son agua. Para poder ser buenas compañeras del fuego, lo mantienen ardiendo para que el agua hierva también. Pero si el fuego del hombre se consume demasiado rápido, como pasa a menudo, nunca acompañará a la energía femenina hasta este punto de ebullición; además, la mujer, siendo agua, después de hervir necesita ser acompañada hasta volver a su temperatura. Una buena pareja es siempre consciente del proceso de su contraparte. Recuerda que el fuego ayuda a calentar el agua y la magia ocurre cuando ambos hierven juntos.

Lo segundo que aprendes es que el acto sexual se construye, y en realidad empieza mucho antes, cada mañana, desde que dices "buenos días". La intención se va alimentando con más palabras, con atenciones y con el cariño que le demuestras a tu pareja en las cosas más simples y cotidianas.

Espero que estos dos aprendizajes te sirvan tanto como me han servido a mí.

Es importante, además, abordar cada experiencia con alegría, evitar la rigidez y disfrutar de manera consciente. Permítete jugar, explorar con respeto y consentimiento. La sexualidad puede ser una celebración. Explora, conócete a profundidad y permite que las experiencias te guíen hacia placeres que te ayudarán a disfrutar de una sexualidad saludable para ti y para la persona con quien la compartas.

Ahora bien, lo más sano es disfrutar, explorar y buscar una sexualidad plena, sin embargo, es igual de importante mantener una sexualidad equilibrada, ya que hay algunas repercusiones físicas cuando no está en balance o interiormente nos daña. En las mujeres, los problemas sexuales pueden manifestarse en forma de cáncer en el sistema reproductor, quistes en los ovarios, desequilibrios hormonales, sequedad vaginal extrema o vaginismo. Todo esto puede reflejar una desconexión o rechazo hacia la sexualidad. En los hombres, estos problemas pueden aparecer como cáncer o trastornos de la próstata, eyaculación precoz o disfunción eréctil. Todos estos síntomas pueden ser indicativos de una sexualidad no plena.

La sexualidad no está limitada a la juventud. Es una energía que se manifiesta en todas las edades y puede cultivarse en cualquier etapa de la vida, ya que cada una conlleva su propia energía sexual.

Por último, no pretendas vivir una sexualidad dictada por la moda. Asegúrate siempre de que haya un consenso entre

SEGUNDO PÉTALO

tú y tu pareja para que puedan disfrutarse tal y como ustedes lo decidan.

Para concluir, es importante que recuerdes las tres energías que forman este núcleo de poder. La **creatividad**, que puede estar presente en muchas áreas de tu vida. El **placer**, que más riqueza traerá a tus días entre más cotidiano y sencillo sea. Y la **sexualidad**, una experiencia personal que cada uno debe encontrar y vivir a plenitud.

Ahora conecta con estas energías maravillosas. Qué rico es poder sentir placer, sabernos creativos, luminosos, y vivir la sexualidad a nuestra manera. Esto ocurre cuando te conectas, dejas el juicio y eliges sonreír. Ahora te regalo esta afirmación que sintetiza este capítulo y te ayudará a VIVIR una existencia más amplia y realizada.

> ### Me conecto con mis potencialidades y brillo.
>
>
>
> ### Reconozco mi creatividad y la expreso con flujo y ligereza.
>
>
>
> ### Disfruto cada momento. Me siento muy bien.
>
>

EL LOTO DE LOS SEIS PÉTALOS

Esta afirmación debe sentirse, vibrarse en cada parte del cuerpo, saborearse, expandirse y comprenderse. Deseo que cada palabra haga su magia en ti y que al final, como dice la propia afirmación, *te sientas muy bien*.

Capítulo seis

Tercer pétalo

Energía, voluntad y poder

> *El poder no se concede. Se toma con la voluntad y determinación.*
>
> JEANNETTE RANKIN

En ocasiones, nos encontramos tan agotados y desgastados en términos de energía que nos resulta imposible lograr algo concreto. Por eso te invito a que cuides tu energía para que puedas emplearla de manera adecuada, en el momento oportuno.

¿Te ha sucedido alguna vez? Tienes un gran deseo de realizar múltiples tareas, pero te sientes tan exhausto que te encuentras sin la vitalidad necesaria para llevarlas a cabo, aun si se trata de tareas tan simples como lavar los platos o terminar de leer un artículo interesante, o de proyectos más emocionantes, como aprender un nuevo pasatiempo. Incluso si deseas realizar una tarea sencilla, parece que requiere una cantidad de energía que en ese momento no tienes disponible.

❧ EL LOTO DE LOS SEIS PÉTALOS ❧

Mi encuentro con una mujer llamada Andrea fue una de las experiencias más fascinantes y enriquecedoras que he tenido en mi vida. Es una mujer que a lo largo de su trayecto vital ha acumulado numerosos logros. Posee reconocimientos y diplomas en cantidad suficiente para llenar una habitación entera... una bastante amplia, por cierto. Además, ostentaba un cargo de gran relevancia en su empresa. Durante todo ese tiempo, había acumulado éxitos sin darse cuenta de que su salud se estaba deteriorando. Sólo recuerda que un día tuvo una fuerte caída que la hizo reflexionar: no se había sentido bien de salud desde hacía tiempo. Sin embargo, atribuyó su malestar a la fatiga y trataba de aplacarlo con una taza de café cargado y una aspirina. Tenía una lista interminable de tareas por cumplir y, simplemente, decidió que si ignoraba su malestar, éste desaparecería con el tiempo.

Poco después, la afección se volvió igual de apremiante que sus demás responsabilidades y la forzó a consultar a un médico. A medida que las consultas se volvían recurrentes, se fue haciendo consciente de que poco a poco estaba perdiendo su movilidad. Sus piernas le fallaban, sus músculos se engarrotaban, hasta que cierto día sintió que ya no se podía mover. Su diagnóstico arrojó una enfermedad degenerativa para la cual no existía una cura aparente ni una forma de reversión. En su enfoque obstinado, había priorizado todo lo demás por encima de su propio bienestar. Después de un par de décadas de exigencia extrema, su cuerpo físico finalmente le estaba cobrando el precio que habían exigido sus otros compromisos.

Al ser la mujer perseverante que era, se negó a aceptar el diagnóstico como una sentencia definitiva y se embarcó en

TERCER PÉTALO

una búsqueda de tratamientos alternativos para su enfermedad. Viajó a diferentes congresos en distintos rincones del mundo, consultó especialistas dentro y fuera de nuestro país, escuchó los testimonios de personas que enfrentaban esta afección en etapas avanzadas, observó cómo perdían por completo su autonomía, incapaces de realizar tareas tan simples como limpiarse la boca después de comer o comunicarse. El diagnóstico y el panorama eran terribles. Parecía que no había mucho por hacer salvo esperar una larga y destructiva agonía. Esta perspectiva la sumió en una profunda depresión al presenciar hasta qué punto podía avanzar la condición y cómo afectaba a quienes la padecían.

Andrea atravesó una crisis emocional al comprender con imágenes y pruebas clínicas el deterioro que sus afecciones traerían, y visualizar las diapositivas que mostraban los cambios físicos característicos de su condición. Los músculos y la grasa se atrofiaban, y la piel se adhería a los huesos, lo que confería un aspecto cadavérico.

Sin embargo, algo dentro de ella tenía fe, y estaba dispuesta a hacer todo lo que fuera posible para vivir. Continuó explorando opciones de tratamientos, primero apegados a los médicos convencionales, luego buscando ayuda en las terapias alternativas, y se abrió incluso hasta la sanación espiritual. En esa aventura, llegó a mi consulta. Nuestro primer encuentro fue una experiencia impactante para mí. Me encontré con una mujer cuya energía era abrumadora, que poseía un campo energético poderoso. Me resultaba desconcertante ver cómo alguien con tal fortaleza interior podía tener un cuerpo tan debilitado.

❦ EL LOTO DE LOS SEIS PÉTALOS ❧

En su presencia y su diálogo, en sus palabras y su campo energético percibía su capacidad de conseguir cosas maravillosas, ya que se requería de una fuerza interior significativa para llegar tan lejos y alcanzar tales alturas. A pesar de eso, ella estaba en un estado crítico. Verla tan disminuida, me provocó tristeza.

Cuando la conocí, su enfermedad se encontraba en una fase intermedia. Tenía treinta y ocho años, y dependía de una silla de ruedas debido a la dificultad para mover sus extremidades. Mi consultorio se ubicaba en un segundo piso, así que la cargué en mis brazos para llevarla hasta allí. Con la mayor delicadeza posible, la acomodé en su asiento y pude percibir el grado de desesperación que experimentaba.

Durante los primeros minutos, como era su costumbre, se resistió a llorar, pero fuimos tocando fibras sensibles y terminó por desbordarse en llanto. Fue en ese momento cuando se dio cuenta de que no deseaba enfrentar una vida en esas condiciones. Le daba mucho más miedo una vida de dolor que la muerte. Se hizo una idea de lo sombrío que podía tornarse su futuro y tenía plena consciencia de lo lamentable que sería su partida. Tras permitirse ser vulnerable, lo suficiente para escucharme, la observé por un momento, sentí una profunda empatía y le tomé la mano diciendo que la acompañaría en su proceso. Luego le aseguré que, si trabajábamos juntos con dedicación suficiente, ella y yo terminaríamos bailando para celebrar su vida. Dentro de la tristeza que su rostro representaba, la vi esbozar una sonrisa melancólica, pues amaba bailar. Aunque en ese momento todos los diagnósticos médicos indicaban que ella no volvería a caminar siquiera, hoy sé que en el fondo de su corazón ella no había perdido la esperanza.

"Oye, una mujer con dos doctorados y los logros que tienes no se va a rendir tan fácil, ¿o sí?", le dije en tono bromista.

Pude reconocer tras la primera sesión que su poderosa energía estaba mal enfocada: sólo se había preocupado de lo que pasaba fuera, nunca se había detenido a revisar dentro. Había dejado de escucharse, se había descuidado, aunque no en su aspecto, porque es una mujer guapa. Sin embargo, emocionalmente sentía una gran decepción, porque nunca se había permitido cumplir sus deseos más profundos. Deseaba con todo su corazón ser madre y este anhelo la había llevado a hacerse tratamientos hormonales. Junto con su pareja, se habían sumido en una carga emocional brutal, pues cada vez que no lo conseguían ambos alcanzaban altos grados de frustración. Al ver que su sueño no se cumplía, Andrea había decidido enterrar su deseo en una cajita en el fondo de su ser para centrarse en seguir sumando éxitos. No es que una cosa estuviera peleada con la otra, pero enfocó su energía únicamente en estudiar, trabajar y tener diversos logros profesionales de los cuales se sentía muy orgullosa. Cuando pensó que, una vez más, estaba lista para abrir esa cajita y cumplir su anhelo de ser madre, se dio cuenta de que ya era un poco tarde y su cuerpo no cooperaría con la decisión que ella había tomado, así que, con el dolor más intenso en su roto corazón, enterró por segunda vez ese deseo, ahora incluso bajo más candados.

Se volcó entonces de nuevo al trabajo y nunca se permitió sanar esa emoción. Una y otra vez reprimió sus deseos.

EL LOTO DE LOS SEIS PÉTALOS

Entonces, enfermó levemente y su mente comenzó a colapsar. Se reprochaba todo el tiempo por no haber hecho caso a sus sueños e ilusiones, se flagelaba mentalmente de una forma constante, hasta que presentó síntomas físicos de su afección y su cuerpo colapsó. En menos de un año, había cambiado radicalmente todo lo que ella conocía: su corporalidad, su fisionomía, su entorno, su manera de interactuar con el mundo exterior.

Ella negaba su enfermedad, la suprimía, tratando de convencerse de que desaparecería. Sin embargo, como ya expliqué en los capítulos anteriores, cuando hay un síntoma físico, es necesario escuchar la razón en los otros planos para que pueda corregirse. Si una enfermedad se presenta ante ti, no desgastes tu energía en ignorarla, no finjas que no existe. Enfócate en ella para poder escuchar lo que te quiere decir. En este caso, Andrea hizo oídos sordos y su condición sólo gritó aún más fuerte.

Cuando llegó a mi consulta de terapia, había aceptado que la silla de ruedas sería una parte constante de su vida. No obstante, su deseo más profundo era, al menos, retrasar los síntomas que vendrían en el futuro. Le propuse lograr mucho más si enfocaba su energía y se comprometía, en verdad, en sanar. Ella es una persona disciplinada, consciente de que la constancia es fundamental para alcanzar objetivos, algo que a menudo pasamos por alto.

Con la misma intensidad con la que había conseguido logros en áreas profesionales de su vida, podía dedicarse ahora a ella misma para obtener resultados en su salud y ser interior. En nuestras primeras sesiones, mi corazón casi no pudo

TERCER PÉTALO

soportar ver a una mujer exitosa tan afectada. Había experimentado un colapso pulmonar reciente que le dificultaba la respiración y, por supuesto, hablar era una tarea ardua. A pesar de esto, si ella no se daba por vencida, yo tampoco lo haría.

Nunca faltó a una sola de nuestras sesiones, no dejó sin completar ninguna tarea que le asigné y siempre realizó todos los ejercicios que le propuse. Su compromiso, tenacidad y fuerza de voluntad le permitieron perdonar, trabajar con su familia y ancestros, acercarse a su niña interior y sanarla, aceptarse con todas sus luces y sombras. Fue un proceso de terapia largo y constante, donde hubo muchos avances y procesos.

Esta mujer que había dirigido enormes equipos de trabajo y acumulado notables logros laborales, destacándose por su individualidad, había comenzado a sentirse completamente vulnerable. Dependía por completo de los demás y sentía que le estaban arrebatando su dignidad poco a poco, con el paso de los años.

El camino fue largo y constante. Tuvo que tomar consciencia de las emociones que habían desencadenado esta situación. Juntos, exploramos estos sentimientos, al igual que uno investiga las raíces de un árbol. Las ramas de nuestras emociones no surgen de la nada, no flotan en el aire sin motivo. Todo tiene un origen. Trabajó en los problemas que había experimentado con sus padres, sus creencias sobre las relaciones de pareja y las dinámicas de poder, y aprendió de su pasado para sanarlo. También enfrentó sus deseos reprimidos.

Como terapeuta, tengo que reconocer que las cualidades del paciente en otras áreas pueden ayudar a su proceso de

❦ EL LOTO DE LOS SEIS PÉTALOS ❧

sanación. Si un atleta se disciplina frente al trabajo personal como lo hace frente al ejercicio, pronto verá resultados. Si una ejecutiva de una empresa organiza su tiempo para crear espacios de crecimiento, se reflejará en su estado de bienestar. Andrea utilizó sus cualidades y fue una paciente extraordinaria en su compromiso y atención para cada una de las tareas y propuestas que le hice a lo largo de casi un año y medio de terapia.

Cuando utilizamos nuestra energía para reprimir intencionalmente nuestros anhelos, éstos reclaman atención. Se convierten en deseos incontrolables e ingobernables. Aprender a observar y escuchar lo que anhelas, y cumplirlo dentro de lo que sea saludable y beneficioso para ti, es un paso crucial.

Mi paciente también realizó ejercicios mentales como afirmaciones, comandos y señales para ayudar a su cuerpo a moverse. Yo les llamo *ejercicios psicomágicos*: rompes con el inconsciente jugando con las cosas que dices o con tus comportamientos; así, juegas también con la enfermedad. Solía decirme cosas como: "Si te echas a correr, voy a alcanzarte", su cerebro tenía que aceptar entónces la posibilidad de correr detrás de mí. Cada vez que le preguntaba cómo estaba, ella, en su silla de ruedas, consumida, con la piel pegándose rápidamente a sus huesos, debía contestar: "Estoy de maravilla", "Siento que me estoy recuperando", "Mi cuerpo está recuperando su vitalidad", "Estoy sanando", "Me siento increíble, como nunca". Programaba a su cerebro con creencias abiertas a la posibilidad.

Estas respuestas crean surcos en tus pensamientos para implantarse como una realidad interior y propia. Y poco a poco

TERCER PÉTALO

vas permeando en la realidad de las personas que te rodean. Es como esa frase famosa que dice "créelo hasta que lo creas": es muy real, aunque parece gracioso el hecho de que puedas "engañar" a tu cerebro para crear la realidad sana en la que quieres vivir. No obstante, no basta con decir un par de frases positivas, hace falta entender el mecanismo que se acciona detrás de esto.

Llegado a este punto, querido lector, debes saber que cada persona requiere un trabajo personal y a medida. No se puede dar el mismo medicamento, ni en la misma dosis a todas las personas. Por eso te recuerdo que este libro da ejemplos y no recetas precisas. Sin embargo, quizás algo de lo aquí expresado pueda ser de tu interés, resonar contigo y ayudarte. De ser así, deseo que te acompañe en tu mayor bien. También es indispensable que sepas que hay momentos en los que debemos reconocer que necesitamos ayuda profesional y, por lo tanto, solicitarla.

Volviendo a nuestra historia, un día Andrea descubrió que podía mover un poco los brazos, siguió así hasta que pudo sostener una cuchara para comer por ella misma. Con un trabajo constante, logró ponerse en pie y dio pequeñísimos pasos; de inmediato me habló para decirme lo que había logrado y lo celebramos. Cuando alguien padece tanto, cada logro conseguido, que en el diagnóstico se plasmaba como imposible, se vuelve una gran victoria. Y cada nueva victoria va impulsando más nuestra energía para seguir sanando. Llegó así el día en que subió las escaleras para llegar a mi consultorio sola. Pensé que se había retrasado porque hacía diez minutos que había pasado la hora de su cita. Fue una maravillosa sorpresa cuando tocó a mi puerta y la encontré parada en el umbral. Hasta la fecha me llena de calidez el corazón. Terminado el proceso terapéutico, nos volvimos amigos y nos respetamos, nos queremos y compartimos esa magia que nos dejó como aprendizaje su enfermedad.

"Bailaremos". No le dejé otra opción. Aunque ella decía que aún no tenía la capacidad para hacerlo y parecía cautelosa al respecto, aceptó el reto. Cuando la vida lo planteó, ahí estábamos, bailando en una pista de baile. Comenzó la música, una de sus piezas favoritas. Pude notar cómo la emoción se acumulaba en su interior y pareció que ni siquiera había procesado el pensamiento cuando se puso de pie. Ambos nos llenamos de dicha: lo que un par de años atrás parecía imposible estaba sucediendo. Perdió la rigidez y el miedo. Aunque con algo de dificultad, se movía con mucha alegría y con tanto entusiasmo que conmovía. Cada una de sus extremidades vibraba con energía vital. Ambos lloramos de felicidad.

Quiero que comprendas el *shock* que fue para mí ver cómo una mujer a la que había tenido que sostener en mis brazos para llevarla a mi consultorio, en nuestra primera sesión, estaba delante de mí, de pie, bailando con cada parte de su ser. Era como si en su cuerpo no hubiera existido esa dolencia, como si nunca hubiera pasado por un proceso así. Éramos un mar de lágrimas cuando terminamos de bailar. Andrea me miró y se prometió en voz alta que nunca más volvería a esa silla de ruedas.

Han pasado seis años y aunque el doctor no la ha dado de alta, porque sigue "enferma" clínicamente, su calidad de vida es muchísimo mejor que antes de su colapso: maneja con normalidad, usa tacones, camina, realiza actividades que ella pensó que no volvería a hacer en su vida cotidiana. Continuó siendo una destacada profesionista, inteligente y ocupada, pero aprendió a conectar y a enfocar su energía en ella misma. Aprendió a vivir de una manera más equilibrada.

Hasta el día de hoy, no ha vuelto. Y estoy seguro de que nunca regresará a la silla de ruedas.

Tenía una fuerza de voluntad que no he visto en muchas personas. Pudo haberse rendido cuando al principio no veía cambios muy drásticos, pudo haber tirado la toalla cuando recibió el diagnóstico, pero en ningún momento se permitió que su voluntad se viera disminuida. La fuerza de voluntad es el motor que nos impulsa.

Siempre que dispongas de energía, amor y disciplina, puedes convertir en realidad cualquier cosa que desees. Por este motivo, te invito a que cuides tu energía y la enfoques en aspectos esenciales, en tus anhelos. Donde se encuentra tu atención, ahí se concentra tu energía, y ésta tiene el poder de lograr cosas que a menudo resultan inimaginables. Si te concentras en la enfermedad, la tristeza o la fatiga, sólo agravarás tus síntomas. Tu enfoque debe residir en lo positivo, no en lo negativo; tu energía debe nutrir tu salud, la abundancia y cosas constructivas. Si constantemente estás preocupado por no enfermarte o experimentar carencias, podrías, paradójicamente, atraer esas mismas situaciones, ya que estás canalizando todo tu poder en un enfoque no deseado.

Si sabes enfocar tu energía de manera adecuada, podrás mantener tu fuerza, y ambas te rendirán al máximo. Aquí te daré seis consejos para cuidar y mejorar tu energía interior:

1. Procura hacer un poco de ejercicio todos los días. Incluso diez minutos son suficientes. Puedes subir y bajar escaleras o dar un paseo a pie alrededor de tu casa, esto te ayudará a absorber la energía del ambiente, el prana, que se pone en mayor circulación cuando estamos en movimiento.

2. Practica lecturas como este libro, temas que aporten y nutran tu mente, pues van directo hacia tu energía interior.

3. Deja de quejarte. Erradica de tu vida los conceptos de la queja, la culpa y el victimismo.

4. Acostúmbrate a decir cosas buenas. Cuando eres una persona que reconoce los méritos y las virtudes de los demás, construyes un campo energético de mayor vibración.

5. Elige muy bien a las personas con las que pasas el tiempo. Busca conversaciones, vínculos y conexiones positivas, gente que te nutra, que te haga reír y que comparta contigo momentos de alegría.

6. Practica una herramienta espiritual. Entre cinco y ocho minutos son maravillosos y suficientes. Hazlo al menos tres veces por semana. Si necesitas más guía para hacerlo, te sugiero visitar mi canal de YouTube (www.youtube.com/@FerBroca), donde podrás encontrar muchas prácticas y ejercicios para nutrirte y reconectar.

TERCER PÉTALO

PODER PERSONAL

El poder personal es la cantidad de energía, fuerza y vitalidad que hay en ti y cómo la empleas. Imagina un auto: la gasolina es el combustible que le permite moverse. Ésa es la energía o vitalidad. Pero si el auto tiene fallas, está en malas condiciones o tiene fuga de gasolina por una manguera, dará lo mismo cuánta gasolina le pongas: tarde o temprano se quedará sin combustible.

Por eso son tan importantes los dos factores. Primero, la energía que tienes, que está relacionada con tu actitud, tu entusiasmo, tus ganas de vivir y de hacer. Ese impulso que te mueve, la iniciativa, la chispa interior. Y segundo, cómo utilizas esa chispa, qué tan persistente eres en el empleo de ese entusiasmo. Si eres ordenado, disciplinado, inteligente, creativo, flexible, equilibrado, seguramente utilizarás mejor tu energía.

Si tú tienes un carro con un potente motor y lo aceleras demasiado, entonces se consumirá rápidamente su combustible y te dará mucha potencia, pero en un recorrido corto. Luego, tenemos vehículos con gran "autonomía", que optimizan el uso del combustible y pueden avanzar grandes distancias haciendo un uso preciso y correcto de éste. El ideal, la máxima expresión del poder personal, es un auto con gran potencia y en un estado óptimo, de manera que pueda recorrer distancia con poder. Eso es lo que el poder personal quiere entregarte: la capacidad de tener energía vitalidad y fuerza interior, y la posibilidad de usarla con sabiduría para mejorar tu vida y conseguir todo lo que te propones.

Tu poder personal también se ve influenciado por tu entorno, las personas que te rodean, el amor que recibiste durante tu crecimiento, tu dieta, tu nivel de actividad física y las actividades en las que te involucras, entre otras cosas. La buena noticia es que puedes controlar muchos de estos aspectos y corregir aquellos que ocurrieron antes de que tuvieras pleno control sobre ellos.

Todo lo que escuchas y lees puede afectar tu energía de diversas maneras. Algunos videos, frases y personas pueden abrumarte y agotarte, mientras que otros pueden brindarte inspiración y motivación. Por lo tanto, es importante preguntarte si los diálogos que te rodean son positivos o negativos, y si las palabras que salen de tu boca también lo son. ¿Tus conversaciones están llenas de quejas y críticas, o reflejan triunfos y alegría? Este aspecto es crucial. Busca personas y situaciones que te aporten, que compartan comentarios amables en lugar de ser pasivo-agresivos, que te rodeen de ambientes tranquilos y te ofrezcan trabajos que no perturben tu paz interior.

Quizá sea momento de dejar esos diálogos recurrentes que tienes contigo mismo, cada vez que los puedas detectar, imagina sobre ellos la palabra CANCELADO. Luego, trae de inmediato un pensamiento positivo, un recuerdo lindo o algo neutral, como el color de tu ropa, la sensación en tus pies o lo que más llame la atención en tu campo visual. Cuando repetimos esta práctica de manera consistente, vamos liberando la mente de la carga negativa.

Recuerda que nuestro cerebro es como un campo por el que fluyen los pensamientos. Cuando un pensamiento es "cancelado", el surco neuronal tiene un pequeño bloqueo; si

❈ TERCER PÉTALO ❈

lo hacemos de forma repetida y disciplinada, podemos erradicar esa especie de caminito. Si, además, colocamos algo positivo o neutro, la energía se habituará a fluir de una mejor manera.

Otra forma en la que puedes cuidar tu poder es no permitiendo que cualquier cosa te afecte. Habrá ocasiones en las que tendremos que pasar por situaciones difíciles para aprender, no dejes que te drenen, no permitas que la situación te haga perderte. Aprende a ser consciente aun en la dificultad o el caos. Sé más sereno en tus elecciones y mantén tus impulsos a raya. Es decir, siente y observa. Luego, elige el sendero que te dé claridad y paz.

Conozco una chica de quince años que tiene muchísima energía. Y la utiliza para estar peleando con su mamá y hacer berrinches descomunales. Su poder es nulo, puesto que gasta todo en un arranque de gritos y descontento, duerme muchísimo y parece que estuviera mal nutrida, a pesar de que su dieta es balanceada. Nunca han buscado mi ayuda y dudo que lo hagan, pero me da tristeza pensar en que toda su energía y todo su poder se ve desperdiciado en peleas que suceden a diario. No seas como esa niña de quince años, no pierdas tu poder por enfocar mal tu energía.

Te aconsejo cuidar tus palabras y tus pensamientos, el rumbo que toman y la energía que empleas para formularlos.

Tienes que saber que hay, sobre todo, cuatro fuentes de las cuales recibes tu energía:

1. Los alimentos que consumes, todo lo que ingiere tu cuerpo. Sin pretender ser expertos en nutrición, come

EL LOTO DE LOS SEIS PÉTALOS

con consciencia, come verduras y frutas (moras), y toma mucha agua, esto te ayudará a subir tu nivel energético. Evita consumir carbohidratos antes de dormir, porque éstos consumen tu energía y no te dejan descansar.

2. El tiempo de descanso que tomas y te das. Revisa cuánto tiempo duermes y cuánto descansas. Sé consciente de que tu vida puede mejorar o empeorar debido a esto.

3. El ambiente y el clima, el contacto con la naturaleza. ¿Vives encerrado en una oficina sin nunca asomar la nariz por la ventana? ¿O sueles pasar tiempo al aire libre en la naturaleza?

4. Los métodos de energía espiritual como yoga, meditación, la respiración adecuada y profunda, la visualización y la presencia. ¿Realizas alguna de estas prácticas? ¿Cada cuándo? ¿Cómo te sientes después de hacerlas?

Estas fuentes van de la mano, "entrelazadas": de nada nos sirve dormir bien y descansar si nos alimentamos pésimo; no nos servirá comer bien si tu espíritu no se encuentra satisfecho, o si el ambiente que te rodea no permite que respires o te toque el sol nunca. Debe haber un balance.

Si no estás habituado a alguna de estas cuatro fuentes, es importante que empieces por alguna, la que te resulte más fácil. Poco a poco irás atrayendo naturalmente a las demás.

Ponlo en práctica y convierte tu historia en una llena de voluntad, energía y poder positivo.

Andrea me enseñó muchas cosas, fue uno de los regalos más bonitos que me ha dado la vida. Ella era una mujer que enfocaba mayormente su energía en cosas materiales. Cuando cambió su manera de ver las cosas, cuando perdonó y trabajó en su sanación, logró enfocarse y, a pura voluntad cruda, mejorarse. Me dejó tres lecciones que son fundamentales y que me gustaría compartir contigo:

1. Todo es posible cuando tenemos las ganas y estamos dispuestos a vivir los procesos que nos llevan a ello.
2. Regresar a la armonía no depende de terceros, sino de quien lo desea hacer. Las herramientas acuden a ti cuando las pides, dependerá de ti cómo y cuándo las uses. Y eres tú y sólo tú quien puede sanar.
3. Me enseñó a apreciar la vida como nunca lo había hecho. Me ayudó a no dar por sentado todos estos grandes regalos que se sienten tan sencillos como caminar, bailar, bañarse sin ayuda de nadie. A veces lo olvidamos y le restamos importancia. No dejes que estos obsequios pasen desapercibidos. Cada instante en tu vida es un regalo.

Ahora, te propongo hacer el siguiente ejercicio, estoy seguro de que traerá claridad a tu ser.

Elige tres personas que sumen a tu vida y escribe cómo lo hacen.

❧ EL LOTO DE LOS SEIS PÉTALOS ❧

> *Elige tres pensamientos que creas sobre ti y que te impulsen adelante como: "yo puedo", "yo soy capaz", "yo merezco cosas bonitas".*
>
> _____
>
> _____
>
> _____
>
> _____
>
> *Establece tres compromisos de hábitos que llevarás a la práctica en tu vida, que aporten a tu bienestar y te nutran de energía positiva.*
>
> _____
>
> _____
>
> _____
>
> _____

¿Qué queda en ti después de estas preguntas? Vuélvete consciente y responsable de que darte cuenta es muy importante, pero esto se expande cuando lo llevas a tu vida. Así es que te invito a que apliques este conocimiento y utilices de la mejor manera tu poder personal.

El poder personal surge de la decisión, el compromiso y la fuerza de voluntad. Te dejo la siguiente afirmación con una invitación: decídete a repetirla en presencia, con fuerza y determinación, que las palabras vibren claras. Comprométete a repetirla por veintiún días, todos los días (sin excepción) y mantén la voluntad para que al pronunciarlas su fuerza te acompañe a conseguir todo lo que te propones.

~ TERCER PÉTALO ~

> Soy consciente de mi poder.
>
>
>
> Me reconozco vital, energética y capaz de manifestar todo lo que me propongo.
>
>
>
> Todo llega a mí en perfecta sincronía.
>
>
>
> Yo sí puedo.

¡Utiliza saludablemente tu poder, enfoca tu energía y nunca pierdas la voluntad! Ten convicción de que tu vida es maravillosa, rodéate de gente que sume, que vibre contigo. Crece y desarrolla una versión más plena de ti. Todos podemos acceder a un poder energético enorme, sólo hay que creerlo, ejercitarlo y hacerlo propio.

Eres poder puro, reconócete.

Capítulo siete

Cuarto pétalo

El corazón, el amor y la armonía

> *El corazón sabe cuándo ha encontrado su armonía en el amor.*
>
> Anónimo

El amor, esa compleja y hermosa emoción, es un concepto universal que adquiere significados únicos para cada individuo. Aunque podamos compartir los mismos padres y entorno familiar, nuestra experiencia del amor difiere considerablemente.

Hemos explorado el amor en el capítulo dos, ahora nos adentraremos más extensamente en esta increíble energía. Ya habíamos observado que no se reduce simplemente a las mariposas en el estómago o la sonrisa que se dibuja en nuestros labios al pensar en nuestros seres queridos. El amor es un vasto espectro de matices y tonalidades que abarca una diversidad impresionante: el amor de una madre, el de un padre, el amor entre hermanos, el propio, el amor por el arte, por nuestras pasiones, el amor por la vida, nuestras mascotas, la amistad, el amor romántico, el arquetípico...

La ausencia de amor en cualquiera de sus formas puede perturbar nuestra armonía y afectar nuestra salud. Algunos necesitan la manifestación física del amor a través del contacto, mientras que otros encuentran plenitud en el amor intelectual. Personalmente, puedo contar que me he enamorado de muchas cosas fuera del sentido tan común que es el amor de pareja o romántico. Me he enamorado de letras, de poemas, de canciones, y la admiración que siento por sus autores o protagonistas me ha llevado a expandir desde dentro el amor. Recuerdo que alguna vez, estando en Marruecos, me enamoré tan profundamente del color azul que le escribí un poema.

El amor puede adoptar diversas formas hacia una amplia variedad de personas, y todas son válidas y hermosas. Como yo lo veo, el amor es una energía con muchas formas de pulsar. Quizá sea más fácil comprenderlo si hacemos la analogía con un color, el verde, por ejemplo. Pensamos que hay un solo verde, pero en realidad tiene muchos matices. Puede ser el verde profundo de un bosque, el verde amarillento del pasto seco, el verde hermoso del mar caribe, el verde potente de una fina esmeralda o el verde profundo de una mirada. Todos son verdes, pero expresados de distintas maneras. Para mí, así es el amor, una sola energía con múltiples expresiones y manifestaciones que varían, influidas por tus cuatro cuerpos, y que pueden matizarse, dependiendo del receptor. Amas a tus amigos, pero a cada uno de forma especial. Experimentar

CUARTO PÉTALO

el amor en sus mil formas nos expande la consciencia y nos permite comprender la naturaleza y la esencia de esta poderosa fuerza creadora. Una relación de pareja no siempre se limita al amor físico, a los besos y al aspecto sexual; en ocasiones, el intercambio de ideas y valores es lo que mantiene viva la llama del amor.

Cuando reflexiono sobre este tipo de amor, me vienen a la mente dos personas que compartían una profunda convicción espiritual. A lo largo de sus vidas, recorrieron juntos el mismo camino y se amaron debido a su mutuo compromiso con Dios. A pesar de que nunca compartieron una intimidad sexual, su amor era auténtico. Compartieron un hogar, una vida y un profundo afecto sin la necesidad de un solo beso. Fue un ejemplo hermoso de amor en su forma más pura.

El amor es una emoción maravillosa que tiene la capacidad de sanar, pero si se contamina o se exagera sin dirección, se puede convertir en una toxina. Cuando el amor se transforma en sufrimiento o dolor, pierde su esencia. A menudo, la posesividad puede disfrazarse de amor, pero el verdadero amor alinea las energías a su paso, sin causar daño ni confusión. No quiero decir que el amor sea siempre perfecto, o siempre bonito, podrá doler y lastimar, pero en la balanza el amor aporta mucha más paz y armonía que los momentos de dificultad constantes y continuos que confundimos con amor.

Esta emoción desempeña un papel fundamental en el equilibrio de la vida. Por ello, antes de adentrarnos más en el amor como energía sanadora, quisiera invitarte a revisar algunos conceptos. La reflexión nos permite conectar y expandir nuestra consciencia. ¿Te has dado cuenta de cómo, cuando

EL LOTO DE LOS SEIS PÉTALOS

lees un libro por segunda vez, descubres cosas distintas? Puede pasar también cuando disfrutas de una obra de teatro que ya habías visto unos años atrás y te encuentras con nuevos detalles.

Justo eso es lo que te invito a hacer ahora:

*Expandiendo las reflexiones del Capítulo dos, quisiera que volvieras a contestar la siguiente pregunta: ¿cómo defines el amor? **Explora** esta definición desde tu consciencia, con base en lo que entiendes y en tu propia experiencia. Busca dentro de ti, porque tu definición es mucho más importante que la que cualquier diccionario o experto pueda darte.*

¿Lo ofreces de manera generosa? La generosidad se refiere a darlo con abundancia, no ser una tacaña emocional. A no escatimar el afecto. Siempre será muy lindo poder expresar el amor con totalidad y plenitud.

❧ CUARTO PÉTALO ❧

> *¿Tus vínculos de amor funcionan en equilibrio? Es decir, lo que das y lo que recibes, ¿lo percibes en balance? ¿O sientes que das más? ¿O que recibes más? Recuerda que no se trata de un 50 por ciento exacto, no somos una calculadora. Y está muy bien si en algunos momentos te toca apoyar y poner más paciencia o cariño. Lo único importante es que no seas siempre tú el que da más. Ni tampoco que te coloques en una posición donde siempre seas tú el que pide más. Equilibrio es sentir que lo que das por lo que recibes está bien dentro de tu corazón.*

A veces, por aprendizaje cultural, por miedo, o costumbre utilizamos palabras como cariño o aprecio para describir el amor, pero sólo son expresiones de una misma emoción. No deberíamos temer expresar nuestro amor hacia alguien o algo. El mundo necesita más personas que compartan este sentimiento sin necesidad de justificarlo.

Por otra parte, es importante recordar que el amor hacia uno mismo es prioritario. A menudo, nos olvidamos de cuidarnos y nos dejamos en un segundo plano. Para en verdad dar y recibir amor de otros, debemos primero aprender a amarnos esencial y auténticamente.

EL LOTO DE LOS SEIS PÉTALOS

Luis, un hombre apuesto, simpático y exitoso en muchas áreas de su vida, era admirado por muchos y envidiado por otros. Profesionalmente, había alcanzado lo que él consideraba como éxito a una edad temprana, con negocios que le proporcionaban abundancia económica. Había comprado su primera casa siendo aún muy joven y tenía una reputación de conquistador. Muchas novias guapas y relaciones efímeras daban fe de ello. Su vida parecía perfecta desde afuera, pero todo era superficial. Muy dentro de su ser, sabía que algo no cuadraba, que no estaba experimentando relaciones auténticas e intuía que debía haber algo más. Después de algunas crisis, buscó ayuda porque no sabía cómo amarse a sí mismo ni cómo permitirse recibir amor genuino.

Durante toda su vida, Luis se había esforzado por ser la persona que agradaba a los demás, adoptando una máscara para satisfacer las expectativas de la gente. Aprendió a contar chistes populares para que todos lo consideraran gracioso y a actuar con amabilidad y cierto encanto repetido para "caer bien". Se convirtió en alguien que no era auténtico, pero eso no importaba, porque de lo que se trataba era de ser aceptado por todos. Incluso se acostumbró a halagar a las personas sin sentirlo en verdad, sólo para complacerlas. Muchas de sus relaciones se gestaron con la intención de presumir a la mujer con la que salía. Llegó un momento en su vida en el que, a pesar del coche del año, la casa espectacular, la modelo a su lado, vestirse a la última moda con ropa cara, sus ojos azules y todo su dinero, nada en realidad lo satisfacía.

Es justo decir que a veces, teniendo todo "resuelto" y una vida tan "maravillosa", lo más fácil es seguir viviendo en la

CUARTO PÉTALO

falsedad interior, pero en el reflejo del éxito exterior. Por eso reconozco el valor de este hombre para cuestionarse, ir más allá de los velos superfluos y elegir sanar. En el borde de una de sus muchas crisis, pidió ayuda. A pesar de su vida de revista, algo andaba mal.

Querido lector, ¿cuántas veces te has descubierto lleno de aplausos externos y abatido interiormente? ¿Cuántas veces has fingido una sonrisa con el alma rota en pedazos? ¿Cuántas veces has tomado una pose de felicidad cuando tienes un hoyo negro en tu interior, como un inmenso vacío? Esto nos pasa. Y es necesario que no nos engañemos a nosotros mismos, que seamos valientes para asumir lo que está pasando y actuemos en consecuencia.

Con frecuencia, no se reflejan afuera las severas heridas de nuestro interior. No se ven, pero igual duelen. Y créeme cuando te digo que si tú estás viviendo algo así, lo mejor que puedes hacer es asumirlo y pedir ayuda. Las historias que aquí planteo pueden reflejarse en tu vida. Tal vez te has sentido alguna vez como Luis, y tienes logros en algunas áreas o vas "triunfando" y todo se ve (hacia fuera) muy "perfecto", aunque interiormente estás quebrado. Estoy convencido de que todos tenemos alguna foto que muestra la felicidad, pero que nos remonta al recuerdo de la profunda tristeza que llevábamos dentro en ese momento y que sólo nosotros conocíamos.

Continuemos con el relato de Luis. A simple vista, no era evidente que se encontrara inmerso en una profunda depresión, ya que todos lo percibían como alguien afortunado. Sin embargo, comenzó a recurrir a sustancias cada vez más intensas en busca de algún tipo de sensación que lo hiciera sentirse

EL LOTO DE LOS SEIS PÉTALOS

vivo. Por esta razón, buscaba constantemente la compañía de un amplio círculo social, con la esperanza de obtener el amor, la amistad verdadera y el reconocimiento auténtico que tanto ansiaba. Pronto, comprendió que las personas que no te conocen a fondo son incapaces de brindarte un amor genuino. A pesar de que muchos envidiaban su estilo de vida y le expresaban su admiración y cariño (falsos), no lo conocían en realidad. Era como admirar una máscara o un disfraz.

En estos entornos tan vacíos, Luis nunca se sintió auténtico. Y, aun así, los manejaba con mucha soltura y facilidad. Aprendió a crear un personaje que encajaba, que conseguía lo que quería y que, de algún modo, "triunfaba". Internamente, se encontraba quebrado.

A menudo, en nuestras relaciones tendemos a pensar que debemos ofrecer algo que nos genera esfuerzo o desgaste para recibir amor. Nuestra voz interior dice: "Tengo que dar esto para recibir esto otro a cambio". En el caso de Luis, esta "transacción" consistía en brindar regalos a sus conocidos para tratar de ganarse su amistad, mientras fingía tener una personalidad diferente para que la gente se identificara con él. Sin embargo, gracias a su trabajo personal en las sesiones de terapia, Luis aprendió a reconocerse, comenzó a escucharse a sí mismo. Modificó su escala de valores y fue reformulando lo que consideraba importante en su vida. Ya no perseguía a mujeres sólo para presumirlas ni fingía ser alguien que no era para que los demás se sintieran atraídos hacia él.

Luego de un proceso (debemos tener muy claro que los cambios son la consecuencia de los procesos internos que vamos viviendo), conoció por fin a una mujer que le importaba

CUARTO PÉTALO

profundamente, no sólo por su belleza convencional, sino por ser auténtica. Luis aceptó el desafío de salir con alguien que en verdad le gustaba, sin preocuparse por la opinión de los demás. Esta relación lo hacía sentir genuinamente feliz, y ya no le importaba tanto lo que los otras personas pensaran de él y su pareja. Decidió centrarse en sus sentimientos, aplicar lo que había aprendido y reconocer sus propias necesidades. Esto lo llevó a ser empático y a observar también los sentimientos de su pareja, a saber que si él tenía el derecho de mostrarse tal como era, su pareja y la gente a su alrededor también lo tenían. Así, se vinculó quizá por primera vez desde su autenticidad. Su pareja estaba fuera del arquetipo de las chicas guapas y fiesteras. No le importaba su estatus económico. Era una mujer resuelta que no perseguía sus regalos. Luis por fin había encontrado una mujer segura que no estaba atrapada en los convencionalismos. Y debo agregar que, en este caso, era una mujer con un trabajo personal y espiritual importante: había desarrollado otra consciencia.

Poco a poco, Luis comenzó a abrir los ojos y a comprender que no debía esforzarse tanto en su apariencia para complacer a los demás. Se sintió bien con un estilo más cómodo y relajado. Comprendió que no tenía que vestir de un modo incoherente con quien él era, que no era más importante la mirada de los demás que la suya. Que no debía conducir el carro más llamativo sólo para demostrar su abundancia. Que su vida no estaba centrada en presumir o competir por los éxitos materiales para sentir que él era valioso. Se fue pareciendo más a él mismo, como si se desprendiera de un montón de etiquetas que ya no sabía ni cómo había adquirido. A medida

EL LOTO DE LOS SEIS PÉTALOS

que se transformaba, comenzó a perder esos amigos que sólo lo habían buscado por su imagen o su éxito superficial. Su círculo social se redujo de manera significativa. Pero su familia volvió a acercarse a él y su madre le decía continuamente: "Éste sí eres tú".

Luis decidió dejar de llenar sus vacíos emocionales con soluciones temporales y, en su lugar, comenzó a trabajar en sí mismo. Aprendió que el amor reside en nuestro interior y no en las posesiones materiales que ofrecemos a los demás. Aunque todavía es un hombre guapo y exitoso, ahora camina de la mano de una mujer que lo ama de verdad, y no necesita dar regalos para ser querido, ni actuar para ser aceptado. Aquellos amigos que permanecieron después de su cambio de estilo de vida, le demostraron su afecto genuino. Luis finalmente encontró la felicidad real en su vida, donde antes sólo había habido una apariencia de perfección. Continúa siendo exitoso, pero va por la vida más tranquilo y ya no sacrifica su paz a cambio de aplausos. Lo más importante: descubrió que sin tantos adornos sigue siendo puramente maravilloso.

Es posible que una parte de ti se conecte con esta historia. Quizá no has tenido un gran auto, pero has sentido el estrés de la competencia, la prisa por demostrar, la inquietud por el qué dirán. Tal vez este pétalo te ha mostrado que no te amas lo suficiente y tratas de llenar ese vacío con cosas que nunca han logrado satisfacerte. La buena noticia es que también te compartiré claves para que lo vayas consiguiendo. Es muy lindo sentirse satisfecho de lo que uno es en esencia y verdad.

Por ahora, te pido que cierres tus ojos y que construyas una poderosa imagen interior: visualiza cómo sería si te amaras mucho a ti misma, mucho, mucho. Tanto que no estés buscando con desesperación el reconocimiento externo. Con esto, no pretendo que no nos importe la validación de la gente que amamos. A todos nos gusta un apapacho, un aplauso, pero no podemos desperdiciar la vida en el afán de conseguirlo.

Para hacer más profunda tu conexión, te invito a realizar una meditación. Utiliza el siguiente código QR:

Ahora que has experimentado esta sensación, ¿cómo puedes aprender a amarte a ti mismo? Ten esta pregunta en mente, por favor, mientras haces el siguiente ejercicio. Sabes que una de las cosas que más nos negamos es el tiempo. El tiempo para lo importante. Este libro es un compañero, una puerta para conocerte y descubrirte, y las preguntas son guías que te van mostrando la dirección a seguir. Así que te propongo que realices éste y todos los ejercicios con detenimiento y profundidad.

> ¿Quiénes han demostrado estar a tu lado en los momentos sencillos y felices de la vida, tanto como en la dificultad? ¿Y quiénes sólo están cerca en la fiesta o para su propia conveniencia? Qué importante es saber con quiénes contamos realmente en nuestra vida. La gente que sabe estar. Por lo general, termina siendo

mejor tener dos personas valiosas y presentes, que veinticinco que sólo están para la pachanga y la celebración.

_____

_____

_____

_____

_____

_____

Quizás aún no has identificado si las acciones que emprendes son para ganar la aprobación de los demás o tan sólo brotan de tu corazón. Reflexiona sobre las personas que te rodean: ¿se acercan a ti esperando obtener algo o su interacción contigo es desinteresada? ¿Sabes reconocer quién te quiere de verdad? Escribe a continuación quienes son:

_____

_____

_____

_____

_____

_____

La calidad de tus relaciones y de tus vínculos depende de ti: cuanto más honesto seas contigo mismo, más profundamente te conozcas y más transparente seas para los demás, tus relaciones irán mejorando.

Las interacciones son responsabilidad tuya. Educamos a las personas en lo que se refiere al acercamiento que deben

CUARTO PÉTALO

tener con nosotros. No es que los otros se acerquen por interés, más bien se acercan de esa forma porque tú les has enseñado que así debe ser. De la manera en que tú te ames y te trates vas a propiciar que los demás lo hagan. Si tú permites el abuso emocional, es porque en el fondo no te estás amando lo suficiente. Si permites que te usen, es porque no estás percibiendo tu auténtico valor. Si es común que te "abandonen", es porque quizá tú mismo te has abandonado desde dentro. Por otro lado, si tienes personas que aprecian lo que das, gente linda que celebra y agradece tu presencia, personas seguras y bien contenidas emocionalmente, es porque estás haciendo un buen trabajo dentro de ti.

Para comprender de dónde surge todo esto, imagina a un niño pequeño que hace una cara graciosa que complace a sus padres o a los adultos a su alrededor. El niño podría recibir elogios y aplausos por ese comportamiento, lo que lo motivaría a repetirlo para obtener más atención. Si sólo recibe amor cuando hace cosas que agradan a los demás, el niño crecerá buscando logros para ganarse ese afecto. Esta dinámica se repite con frecuencia: la niña que siempre es obediente y agradable porque sus padres la adoran por ello, nunca expresa su opinión y tan sólo sigue órdenes, llevará esta misma actitud a la escuela y, luego, a sus relaciones amorosas. Tal vez termine teniendo una pareja que no le permita expresarse y que sólo esté contenta cuando ella es sumisa y se dedica a satisfacerlo, de manera que él pueda alardear sobre cómo su mujer hace todo lo que él le pide. Así, se perpetúa el patrón de búsqueda constante de aceptación, creyendo que el amor está condicionado y debe ganarse.

Ésta es la razón por la que yo exhorto a los padres, tutores y figuras de autoridad a que no condicionen el amor a sus deseos egoístas. Que aprendamos a dar un mensaje de amor más amplio y verdadero, en lugar de expresar (con palabras o actitudes): "Te amo porque haces lo que quiero, porque te comportas como te mando, porque me das lo que te pido". Podemos comenzar a expresar, por el contrario: "Te amo aunque no hagas lo que digo, aunque no seas como yo quiero, aunque tengamos puntos de vista diferentes". Esto se vuelve realmente un vínculo más sano y le da libertad al otro de ser. He visto que cuando los hijos son criados con una contención más armoniosa y respetuosa de su verdadera naturaleza, éstos crecen con mucha más seguridad, pueden poner límites y establecer muy bien sus fronteras. Y, sobre todo, viven con mayor plenitud.

Un ejercicio que te doy y que puedes usar como mantra cuando sientas la necesidad de hacer algo para ganar amor es recordar la siguiente frase:

> Las personas son libres de quererme o no,
> acepto que no todos me amarán.

Éste es un principio fundamental para el amor verdadero: no es necesario agradar a todos. Acepta que habrá personas con las que simplemente no congeniarás, y eso está bien. No tienes que ser amado por todas las personas que te rodean. Ésta es una idea de tu niña herida, es un concepto ilusorio y que a la larga hace mucho daño. Ten presente esta frase

CUARTO PÉTALO

cuando sientas que debes ocultar quién eres realmente. Encuentra lo que te gusta y síguelo, incluso si no te conduce a aplausos o atención. Tu prioridad eres tú. Escúchate, obsérvate y sé coherente con tus pensamientos.

Julia Burgos escribió el poema "Yo misma fui mi ruta", que encuentro muy especial y se ha convertido en uno de mis favoritos. Me encanta leerlo para recordar que no estoy en el mundo para complacer a otros, sino para vivir en la mayor armonía con mi esencia natural.

Dentro de mis muchas pasiones, la poesía es de las principales, todos los días leo un poema. Empecé con los poemas románticos de Manuel Acuña y la poesía de Amado Nervo, sor Juana y Sabines. Después, descubrí a autores muy poco conocidos como Antonio Plaza. Mi brinco me llegó con el GRAN PABLO, que se ha vuelto mi amigo, mi confidente y mi maestro. Luego, llegaron Pessoa, Walt Whitman y los haikus japoneses. Y un día, navegando entre las palabras, este poema me encontró en el momento que realmente lo necesitaba, y me dio ruta. Algunas veces lo he repetido como mantra. Hoy te lo comparto para que quizás a ti también te dé una ruta que te lleve a no perderte de ti.

Yo quise ser como los hombres quisieron que yo fuese: un intento
    de vida;
un juego al escondite con mi ser.
Pero yo estaba hecha de presentes,
y mis pies planos sobre la tierra promisoria
no resistían caminar hacia atrás,
y seguían adelante, adelante,

❧ EL LOTO DE LOS SEIS PÉTALOS ❧

burlando las cenizas para alcanzar el beso de los senderos nuevos.

A cada paso adelantado en mi ruta hacia el frente
rasgaba mis espaldas el aleteo desesperado
de los troncos viejos.

Pero la rama estaba desprendida para siempre,
y a cada nuevo azote la mirada mía
se separaba más y más y más de los lejanos
horizontes aprendidos:

y mi rostro iba tomando la expresión que le venía de adentro,
la expresión definida que asomaba un sentimiento
de liberación íntima;

un sentimiento que surgía
del equilibrio sostenido entre mi vida
y la verdad del beso de los senderos nuevos.

Ya definido mi rumbo en el presente,
me sentí brote de todos los suelos de la tierra,
de los suelos sin historia,
de los suelos sin porvenir,
del suelo siempre suelo sin orillas
de todos los hombres y de todas las épocas.

Y fui toda en mí como fue en mí la vida...

Yo quise ser como los hombres quisieron que yo fuese:
un intento de vida;
un juego al escondite con mi ser.

Pero yo estaba hecha de presentes;
cuando ya los heraldos me anunciaban
en el regio desfile de los troncos viejos,
se me torció el deseo de seguir a los hombres,
y el homenaje se quedó esperándome.

⚜ CUARTO PÉTALO ⚜

Algunas veces, un poema merece ser releído, reflexionado y observado en serenidad...

El amor propio se basa en la cohesión entre lo que sientes, lo que piensas, lo que predicas y cómo actúas. Abraza tu verdadera personalidad y acepta cada parte de ti. Tus gustos no deben ser objeto de juicio. Habrá personas que compartan tus intereses y te amarán en todas tus facetas. Habrá otras que van a disentir. Es necesario que aprendas a lidiar con ambas. Cada aspecto de tu cuerpo te permite existir y realizar innumerables acciones, así que agradécele y ámate con todo tu corazón. Tu mente, con todas sus historias e introyecciones, es también un regalo. Hónrala. Tus emociones están allí como peldaños de la experiencia humana, cada una te ha mostrado algo bello o te ha dado un destello de lo que no quieres vivir. Aprécialas a todas.

Para aprender a amarte, es fundamental cambiar la concepción limitada y estereotipada del amor. La autenticidad es clave. Debes sentirte cómodo en tu propia piel y vestirte de acuerdo con tus gustos. No es necesario que guardes tu amor como si fuera un tesoro para la gente que te importa. En este sentido, es importante que aceptes a las demás personas como son, reconociendo sus peculiaridades. El amor no debe someterse a condiciones ni manipulaciones. No intentes distorsionar tu identidad ni la de los demás en este proceso de intercambio amoroso.

Ama porque puedes, porque te nace. Ama porque es tu naturaleza, por el regalo lindo que es amar. Y no vendas, remates u otorgues tu amor como un bien con el cual jugar, manipular o someter a otros o a ti misma. Al final, en la vida,

EL LOTO DE LOS SEIS PÉTALOS

te darás cuenta de que hay muchísimo más amor en una persona que se muestra auténtica que en cien falsas que te aman por algo que también es falso en ti.

El amor es una emoción que se siente profundamente en el corazón. Este órgano, que a veces parece latir con fuerza debido al amor que albergamos en nuestro interior, desempeña un papel fundamental en nuestra existencia, ya que bombea sangre a cada órgano, vena y músculo de nuestro cuerpo. Con frecuencia, cuando vivimos en un estado de caos emocional, sin amor, nuestro corazón también puede sentirse oprimido y experimentar dolor. Esta falta de amor puede incluso dar lugar a enfermedades cardiacas.

El corazón, además de ser un órgano físico, es considerado el centro del alma. Cuenta con una inteligencia propia y numerosos estudios recientes sugieren que posee conexiones neuronales. En cada uno de nosotros —tanto en el aspecto físico, el emocional y el mental como el espiritual—, el corazón desempeña un papel crucial. Representa nuestra unión con la tierra y es el núcleo de nuestras emociones.

Cuando abrimos nuestro corazón, permitimos que el amor fluya de nosotros hacia los demás, creando un ciclo ininterrumpido de dar y recibir amor desinteresado. Este amor nos brinda la posibilidad de vivir en una armonía preciosa.

Con "armonía" me refiero a que los lugares que frecuentas deben reflejar tu verdadero ser. La forma en que te desenvuelves en tu entorno, te comunicas y te relacionas con los demás debe estar en sintonía contigo. De igual manera, la armonía debe estar presente en tus espacios personales. Esto implica que tu coche esté limpio, que tu casa albergue las

❧ CUARTO PÉTALO ❧

plantas que te gustan y que los lugares que frecuentes emanen paz. Incluso tu habitación debería mostrar lo que consideras importante. A veces, es preferible una pared en blanco a tener algo que genere conflicto.

El amor y la armonía son elementos interconectados. Cuanto más amor te rodeé, más simple te será amar. Para fomentar la armonía en tus espacios, te presento aquí algunas pautas que puedes seguir:

- Acostúmbrate a tener espacios libres y ligeros. No acumules cosas innecesarias. De esta forma permites que la energía fluya.

- Si para ti es importante un objeto, haz que se note. El orden visual debe corresponder con la prioridad que tiene para ti. Si tu librero es lo más importante, debe ser visible esa importancia. Eso intercambia información constantemente contigo. Imagina lo que pasa si lo que tienes más a la mano son tus deudas o las cuentas de banco que te angustian. Acostúmbrate a resaltar aquello que sea más armonioso para ti.

- Ten cuidado con que tus espacios estén limpios. Los rincones y esos cajones que tienes olvidados son una representación de esa parte inconsciente de tu cabeza a la que quizá no le estás prestando la suficiente atención. Esos escondrijos llenos de polvo en tu casa que no ves si no te detienes a observar deben ser limpiados y escombrados con regularidad.

- Procura que tus puertas y ventanas puedan abrirse fácilmente, de forma simple. Si rechinan, si las chapas están descompuestas o rotas, bloquean el libre flujo a la armonía. Nada de vidrios rotos o relojes parados en la pared. Es mejor cuando todo es lindo y cumple con su función original.

La siguiente sección de este capítulo será de ejercicios para ayudarte a alcanzar la armonía por medio de la sanación de tu corazón y la conexión con el amor. Qué belleza que podamos sanar bonito, que tengamos la capacidad de descubrirnos en la serenidad de una pregunta. Y que obtengamos respuestas en la paz de una reflexión.

Comencemos:

Culturalmente, se nos ha enseñado que debemos hacer cosas a cambio del amor que recibimos. Vuelve a tu primera infancia, quizá te querían porque bailabas o porque te dejabas apretar las mejillas. Tal vez era porque eras muy buena niña. Eso nos enseñó a tener que hacer "algo" para recibir amor. Ahora, sin juicios, cierra los ojos y piensa en cuáles fueron las cosas que tuviste que dar a cambio del amor de tus padres. Escríbelas:

CUARTO PÉTALO

Ahora, analiza y profundiza: ¿cuántas relaciones te has ganado con la misma moneda, al dar algo a cambio de afecto? ¿Cuántas veces tuviste que sonreír (sin querer hacerlo) para que un grupo te aceptara? ¿De qué manera soportaste situaciones desagradables para que alguien te "aceptara" y te quisiera? Tal vez consentiste malos tratos o hasta groserías a cambio de ser amada. Esto es una distorsión, ejemplos de toxicidad. Pero es muy importante que nos demos cuenta de cómo lo hacíamos. Para poder corregirlo y, sobre todo, para aprender a hacerlo diferente. Por favor, al realizar este ejercicio no te culpes, no te sientas mal. Recuerda que quizás aprendiste a hacerlo cuando eras más joven o tal vez así pensabas en ese momento. Lo que importa ahora es tomar consciencia.

_____

_____

_____

_____

Aquí viene la mejor parte. Porque lo que ya hiciste está en el pasado. Pero aquí y ahora te invito a reflexionar sobre cómo eres en la actualidad. Tú puedes elegir qué camino tomar. ¿Te sigue sirviendo esa vieja manera de relacionarte? No te preguntes si es buena o mala, sólo si te sigue funcionando. Si te sientes bien con estos mecanismos de intercambio, si todavía son coherentes con quien eres hoy.

_____

_____

_____

_____

EL LOTO DE LOS SEIS PÉTALOS

Haz una lista de tres cosas que surgen en ti para amarte más. Confía en lo que surge ahora, y observa qué regalos más bonitos brotan desde tu interior.

Desde un foco más limpio y consciente, piensa que quizá cuando eras pequeña sonreír y hacer ojitos te funcionaba para que no se enojaran tus padres. Luego, lo usaste también con tus maestros, y funcionó. Después, lo hiciste para agradar a tus novios cuando se enfadaban. Pero hoy quieres poner nuevas reglas, y en vez de sonreír prefieres dialogar y expresar tu sentir. Tal vez los "ojitos" ya no son tu camino y, en cambio, sientes la necesidad de poner un límite o ser tú la que se enfada.

En fin, aquí surgen dos lecciones importantes. Primero, toda estrategia que hemos usado funcionó en su tiempo, y eso debemos honrarlo. Segundo, debemos actualizar nuestra manera de comportarnos, porque hoy no somos lo que fuimos hace diez años. Ni siquiera somos lo que fuimos el año pasado. Por eso creo que es fundamental que nos cuestionemos. Si la misma estrategia te ha funcionado y ahora sigue siendo útil, maravilloso, mantenla. Pero si no es el caso, sé valiente y modifícala para que sea más congruente con quien tú eres hoy.

CUARTO PÉTALO

Te regalo la siguiente reflexión:

> El amor que me mantiene en ansiedad, angustia, sufrimiento, preocupación y tristeza *no* es amor.

Ya no necesitas vivir el amor de esa manera. Es más, si vivías esta sensación continua de ansiedad, sufrimiento y tristeza, seguramente te encontrabas en una relación tóxica o hasta de codependencia. Ahora tienes más información y bases firmes para remodelar y reordenar lo que en verdad te importa. Para que comiences a crear nuevos patrones mentales constructivos que te lleven a una manera de amar y relacionarte más saludable, te dejo la siguiente afirmación. Repítela muchas veces hasta que te la aprendas y, cuando lo hagas, permite que se convierta en un mantra personal:

> El amor sano es abierto, pleno y feliz.
> El amor hace bien.

Cuanto más dediquemos atención y energía a una práctica, mejores resultados nos dará. Te propongo continuar la línea de trabajo para descubrir partes muy importantes de nuestro ser.

Crea un espacio agradable, quizás en un pequeño café o un parque, tal vez con ropa muy cómoda tendida en tu sofá. Pasa

EL LOTO DE LOS SEIS PÉTALOS

un tiempo contigo, recuerda quién eres. Algo que a mí me funciona mucho es ver fotos, recordar lugares o conectar con las personas más bonitas que he conocido en la vida y que me dejaron grandes regalos o enseñanzas. Luego de pasar este tiempo agradable, haz una lluvia de ideas de las cosas que son importantes para ti, las que te gustan. Anótalas, deja que fluya la información.

¿Qué cosas disfrutas hacer?, ¿qué tipo de experiencias te hacen sonreír?, ¿qué música te alegra el alma?, ¿qué pensamientos te llenan de vitalidad?

Ahora pregúntate: ¿qué tan a menudo realizas estas actividades? Si la respuesta es "no muy seguido", ¡comienza a hacerlo! ¿Qué estás esperando? Recuerda que la vida es sólo este momento: desde ahora, ámate y cuídate. Puedes darte cuenta de cómo a veces no dedicamos tiempo a lo que nos gusta. Cómo nos enfocamos en un montón de planes que no nos suman. Y esto, querido lector, es una muestra de cuánto nos escuchamos, de qué tan conscientes somos de nuestras verdaderas necesidades.

En el fondo de todo esto hay un concepto: amor propio. Cuanto más te amas a ti, más tu vida debe reflejar lo que eres

CUARTO PÉTALO

y tu tiempo estar más encauzado en tu disfrute, en tu armonía, que en el deber ser. Por eso, es necesario que te comprometas a pasar tiempo de calidad contigo misma. Querernos en verdad implica construir una vida dichosa de la que nos sintamos muy orgullosos.

Un fascinante ejercicio que resulta muy poderoso en cuanto al amor personal es el siguiente. Es sencillo, pero no por eso es fácil:

Tomarás un minuto de tu día, durante quince días. Te pondrás frente a un espejo, te observarás detenidamente durante unos momentos y pronunciarás frases positivas de ti mismo durante sesenta segundos. Frases como: "Eres una excelente persona", "Eres inteligente", "Tienes los ojos más lindos", "Te queda increíble la sopa de papa", "Eres buenísimo en tu chamba", "Me encanta tu estilo", "Esa bufanda se te ve fantástica", "Corres muy bien". Aunque sea sólo una frase, lo importante es que no dejes de repetirla por un minuto. A menudo te darás cuenta de que parece que no tienes nada bueno que decirte. Y créeme, un minuto puede parecer eterno cuando estás frente al espejo. Pero te aseguro que, si lo haces, modificarás tu autoconcepto y esto repercutirá en tu autoestima. Aunque cada día sientas que es un ejercicio repetitivo, podrás ser testigo de cómo detonas un cambio poderoso en ti.

Sólo para tener esto aún más claro. Podemos decir de forma sencilla que el autoconcepto es la idea interior que creamos de nosotros mismos. ¿Has conocido a alguien que, aun siendo muy delgada, se siente gorda?, ¿o a una persona que teniendo una buena cuenta bancaria se percibe como pobre? O al revés, ¿alguien que carece de belleza estética, pero se percibe como un galán de cine? Pues justo eso es el autoconcepto y debes saber que es fundamental para realizarte o fracasar en la vida.

Si tú crees que eres incapaz (autoconcepto), aunque de hecho seas muy capaz, irás de trabajo en trabajo apareciendo como alguien que no sabe suficiente, al que no se le debe pagar lo correcto (porque es incapaz). Si te percibes como no merecedora, terminarás por encontrarte en situaciones que reafirmen este hecho. Por esto, y por muchas otras razones, es muy útil el ejercicio del espejo. También es necesario que tu diálogo interno sea positivo, y que cuando hables de ti procures ser neutral u optimista, pero que nunca te expreses de ti como si fueras tu peor enemigo. A veces, justo eso es lo que hacemos.

Y ahora, una frase para que lo recuerdes:

> Lo que yo pienso de mí se refleja a los demás.
> Por eso me percibo como una persona llena
> de cualidades y talentos.

Como último ejercicio, me gustaría que buscaras una canción que abra tu corazón, que te conecte con el amor y la buena vibra. Esta canción te generará un estado de conexión y apertura. Una vez que alcances este estado, ponte cómodo y piensa en las cosas que has logrado, en lo que te hace sentir orgulloso.

CUARTO PÉTALO

Toma un trozo de papel y escribe todas las cosas que son buenas de ti y lo que amas de tu persona, aquello de lo que te sientes orgulloso y las hazañas que te hacen sentir feliz, tus atributos y cualidades. Al final, cierra la carta con estas frases:

> Yo soy digno y merecedor de seguir recibiendo todas las cosas buenas que el universo trae para mí. El amor es la fuerza más importante que mueve al mundo, solamente me encargaré de que ese amor sea abundante.

Quisiera dejar claras cinco cosas. Estos elementos que te comparto son joyas que he ido recogiendo tras miles de horas de búsqueda, terapia, escucha activa, meditación. En fin, son grandes conceptos que sé que tú sabrás apreciar y conservar en tu interior:

1. El amor empieza en ti. Si no te amas, no te conoces y no te escuchas, construirás una máscara de irrealidad alrededor de tu vida y atraerás gente falsa con pretensiones falsas.
2. El intercambio amoroso debe surgir desde la naturalidad de tu ser. Si atraes una pareja o una relación de amistad, procura que se construya desde lo más puro. Un verdadero amigo es aquella persona que te quiere a pesar de que te conoce. No eres un producto o una campaña política, no tienes que venderte y convencer a la gente de que te adquiera.

Para reafirmar esta idea, te dejo la siguiente afirmación. Por favor, cuando la repitas, sé tú ese corazón lleno, ese amor empático y alegre. Vibra en la armonía plena y recibe las infinitas bendiciones que llegan a ti.

> MI CORAZÓN ESTÁ LLENO DE LUZ.
>
>
>
> AMOR, EMPATÍA, COMPASIÓN,
> ALEGRÍA, BELLEZA Y PAZ
> ESTÁN AQUÍ CONMIGO.
>
>
>
> VIVO EN ARMONÍA CON TODOS
> LOS ASPECTOS DE MI VIDA.
>
>
>
> ¡SOY INMENSAMENTE BENDECIDA!
>
>

3. La mayor satisfacción viene del interior. La vida no se trata de obtener cosas materiales o del ámbito físico. Encárgate de ser una persona muy feliz, con, sin o a pesar de lo material.

❧ CUARTO PÉTALO ❧

4. El amor es como un campo: cuanto más lo riegues y lo cuides, más florecerá. Así también el amor perdurará y será fuerte.

5. Rompe con esta burbuja ilusoria de que el amor es sólo de pareja. Puedes amar una creencia que te haga bien o una actividad que te llene el espíritu. Puedes amar muchas cosas, no sientas miedo de ese amor profundo.

El hecho de que estés leyendo este libro, que tengas el anhelo de vivir una vida buena, que estés trabajando en ti son señales de que te amas.

¿Te das cuenta de cómo se van complementando los pétalos?, ¿de lo importante que es comprender que estamos conformados de energías creativas, amorosas, fuertes, vitales y placenteras? Nuestros cuatro cuerpos les dan una estructura a estos pétalos. A medida que más te conoces, más plena puedes ser. Para mí, la magia ocurre cuando comparto mis cursos y retiros, y observo cómo las personas que se reconocen, que profundizan y toman acciones conscientes, van construyendo y experimentando una mucho mejor vida.

Por eso te invito a seguir en la búsqueda, a ser valiente para enfrentar la dificultad. A amarte a pesar de que las cosas no salgan como esperabas. A ser compasiva en tus errores, y a celebrar tus logros. Porque sé que hay un precioso tesoro en ti, sé que tu amor es una joya invaluable. Es tiempo de que tú también lo sepas.

Capítulo ocho

Quinto pétalo

Libertad y comunicación

> *Vive la vida como si nadie estuviera mirando y exprésate como si todos estuvieran escuchando.*
>
> Nelson Mandela

Callar nuestras emociones es atentar contra nuestro derecho de expresividad creativa. Si tienes voz, eres libre de expresar y manifestar para tu vida todo lo que el universo tiene para ti. La voz no es sólo física: debemos encontrar voz propia en nuestros pensamientos y dejar que las emociones generen su propia vía de comunicación también.

Tenía un conocido que perdió su libertad muy joven al pensar (erróneamente) que estaba liberándose de todas las cosas que no lo dejaban ejercerla. Era un artista con una capacidad enorme para la escultura y la pintura. Un día abrió la puerta de las drogas pensando que encontraría libertad en ellas. Juraba que podría crear cosas más interesantes estando bajo los efectos de los ácidos y de otras sustancias más fuertes. Pretendiendo ser libre para expresar su arte, se volvió un dócil prisionero de sus malas elecciones. Se perdió y perdió, también, su capacidad de decidir sobre sí mismo. La ironía de esta situación es que él se creía una persona con las facultades de poder elegir sin que nadie se lo impidiera, se sentía "muy libre", aunque muchos a su alrededor podían ver los grilletes que lo encadenaban.

Paso a paso, se fue volviendo una persona completamente distorsionada. Dejó la escuela de arte, chantajeaba a su madre y a su familia, se alejó de los entornos saludables, perdió su funcionalidad. Y todo lo hacía bajo una falsa ilusión de libertad. Él decía que hacía lo que se le antojaba, pero la realidad es que cada vez hacía menos lo que quería. Muchas personas confunden la rebeldía con la libertad, pero no comprenden la fina y delgada línea entre el creer que se es libre y el serlo genuinamente. En este capítulo, quiero invitarte a que descubras que la libertad auténtica no puede apresarte.

¿Recuerdas cómo, cuando eras un niño, querías crecer para poder llevar a cabo las cosas que deseabas sin que nadie te reprochara o sermoneara, sin que nadie te lo impidiera? Era una falacia de la libertad, un espejismo: parecía que si lograbas hacer todo lo que querías, tu vida sería maravillosa. Sin embargo, con el paso del tiempo descubriste que no es simplemente hacer, sino ser consciente de lo que haces. Que la verdadera libertad lleva implícita la responsabilidad, el amor, el sentido de trascendencia y una nítida convicción interior.

QUINTO PÉTALO

Por eso me gustaría que te preguntaras en esta etapa de tu vida: ¿qué tan libre eres realmente?

Beto fue perdiendo la relación con las personas que lo querían, rompió todo lazo de salud a su alrededor, desgastó a cada persona que intentó ayudarlo y, al final, terminó en situación de calle. A pesar de ser muy joven, en un periodo menor a un año ya se había desmoronado todo lo que había construido, y caminaba sobre los escombros de lo que alguna vez había sido su vida.

Yo lo había conocido un par de años antes de estos eventos. Apenas estaba por entrar a la academia de arte. Años después, me enteré de que estaba muy mal. Para mí fue una enorme pena, porque había visto su talento artístico y su brillo interior.

La vida, que no deja nada al azar, me cruzó con él. Debo admitir que no lo reconocí, pero él se acercó a mí con tanta naturalidad y confianza que pude percibir cómo deseaba saludarme y, a la vez, pedirme dinero. Se veía hambriento y muy extraño, ajeno al mundo.

Lo invité a comer y platicamos un rato. Es muy impactante cuando compartes con un adicto y notas su desesperación por consumir. Yo, sin embargo, estaba sereno y comencé a practicar un ejercicio que había aprendido en el chamanismo. Mientras lo miraba, en mi interior repetía su nombre, llamando a su espíritu, retirando lo aparente para conectar con su corazón.

Abrí mi corazón a lo que estaba viviendo, lo escuché sin juzgarlo. Al terminar nuestro encuentro, le di un abrazo. Cuando sentí su corazón abierto y su mente más lúcida, lo exhorté a visitar un centro de Alcohólicos Anónimos. Le ofrecí hablar con su madre para mediar en su situación, en caso de que necesitara ayuda.

La historia es larga y tomó casi dos años, pero lo lindo es que encontró un mentor que lo acompañó en su grupo de rehabilitación, al que llamaba "padrino" (un adicto recuperado que comprende el fondo del asunto y acompaña con una profunda convicción de servicio a su "ahijado"). Este hombre admirable lo fue sosteniendo y motivando en el largo viaje hacia la sobriedad. Debo aclarar que este "padrino" entendía de primera mano ese mundo terrible en el que Beto había penetrado.

Entre las muchas cosas que pasaron en este camino de subidas y bajadas, de fracasos y conquistas, apareció un mural en un centro de rehabilitación. Un mural inspirador en el que Beto había comenzado a trabajar. Ese lienzo blanco le había recordado su verdadera naturaleza. De inmediato, su talento resaltó y fue creando junto con otros jóvenes una imagen magnífica que aún perdura. La adicción había sido una forma de comunicación, una manera de expresar lo que llevaba dentro. Pero esta faceta que contemplaba como un factor de libertad se había convertido, en realidad, en un laberinto de dolor, aislamiento y enfermedad. Por otro lado, cuando se reencontró con su capacidad artística, descubrió una vía nueva de comunicación, un sendero que no le era ajeno, pero que había olvidado. Y pincelada tras pincelada, fue capaz de volver a mirarse y de saber que la verdadera libertad era mantenerse sobrio, consciente y sin esas terribles dependencias, sosteniendo así su proceso de recuperación y sanación.

QUINTO PÉTALO

A medida que se recuperaba (con la guía correcta y la ayuda de profesionales), su familia volvió a acercarse y Beto se fue recreando a sí mismo. Se descubre mucho cuando se entiende que aquello que parecía liberarte en realidad te esclaviza. Por esto debemos tener muy presente que la libertad no es creer que puedes hacer lo que te plazca sin repercusiones. No importa si son físicas, mentales o emocionales, existirá un efecto y tu consciencia real está en asumir las elecciones con sus respectivas consecuencias. Resulta evidente que tiene que haber coherencia, que antes de ejercer la libertad debemos ser conscientes. Ésta es una razón profunda detrás del hecho de que mientras más crecemos y maduramos, podemos ejercer más libertad.

Beto salió del abismo, pero se quedó ayudando como voluntario en lugares de rehabilitación, compartiendo su historia desde la empatía y la compasión. Se dedicó a enseñar arte como terapia de expresión y ha expuesto en algunos lugares sencillos sus obras.

Quizás a ti una historia de adicción tan extrema te parezca lejana. Sin embargo, debemos tener en cuenta que la mayoría de nosotros perdemos la libertad con costumbres aparentemente inofensivas que nos van adormeciendo. Es como si las adicciones grandes y palpables fueran las únicas conocidas: alcoholismo, drogadicción (con sus muchos rostros), ludopatía, adicción al sexo, etcétera. Pero olvidamos que hay comportamientos adictivos que nos hacen daño a todos: la adicción al trabajo, al ejercicio, la codependencia emocional, la adicción a los aparatos electrónicos, a los videojuegos, a comprar o acumular de manera desbordada.

EL LOTO DE LOS SEIS PÉTALOS

Te lo cuento porque me importa mucho que en cada parte de este libro encuentres un reflejo, al menos una pequeña parte que te hable o refiera tu propia historia. Elegí historias emblemáticas para que se queden bien registradas en tu interior. Pero lo más trascendente es que observes cómo cada una de las historias se parece en mayor o menor medida a la tuya. Y, sobre todo, que aprendas mucho, que te vuelvas consciente de tus acciones y, lo que es mejor, de cómo puedes liberarte, sanar o trascender para vivir más en paz.

Mientras escribo esta última parte de la historia de Beto, observo una de las pinturas que me obsequió y pienso en lo fácil que puede ser confundir la libertad con el libertinaje. Pero la libertad desenfrenada no es libertad real. La auténtica libertad debe ir acompañada de amor y madurez. Cuando vino a verme junto con su madre para darme la pintura, me contó (con gran lucidez en los ojos) que estaba por cumplir tres años de sobriedad, y supe reconocer en su mirada que estaba dispuesto a vivir libre por toda la eternidad.

Qué fácil es malentender la libertad. Qué irónico sentir que eres libre para agredir, ofender, difamar. Qué poca grandeza de aquellos que piensan que son libres para aniquilar un bosque, secar un río o quitarle la vida a alguien más.

La libertad, desde mi concepción, debe llevar implícita la auténtica claridad que sólo surge de quien está en contacto profundo con su esencia.

Cuando las acciones que llevas a cabo son elegidas desde el afecto, el aprecio, el amor, entonces la libertad es luminosa. Sé que algunas veces debemos elegir algo que no es agradable por un bien mayor. En ocasiones, las circunstancias nos

QUINTO PÉTALO

sobrepasan y podríamos "tener que elegir" senderos agrestes, incluso. Sin embargo, en la medida de lo posible, debemos procurar que nuestras elecciones no surjan de un deseo de dañar, lastimar o degradar a los demás.

Existen algunos niveles y expresiones de la libertad, desde los derechos inalienables del hombre hasta las formas espirituales y trascendentales. A medida que alguien evoluciona su idea y practica, se vuelve más sencilla y clara. Todo es parte de ir recorriendo la senda con pasos firmes en lo que somos y con la mirada muy fija hacia dónde vamos.

La libertad mental está vinculada a tu libertad de creer y pensar, de interpretar el mundo. Cuando tienes una mente pequeña y estrecha, cortas tu propia libertad intelectual. Durante mucho tiempo, fui criticado por la forma en que vestía (un poco hippie, como sigo haciéndolo), pero siempre he sido coherente con lo que hay dentro de mí. Yo pienso que es tan libre el que se viste con estilo metalero como el que trae playeras de caricaturas o anime, siempre y cuando lo haga porque va con sus convicciones y no porque esté tratando de encajar.

Así como nos han privado de nuestro placer, socialmente también nos han cortado la autonomía. Se nos hace pensar que somos dueños de nuestro destino y que podemos decidir sobre él, sin embargo, fuimos criados para ser obedientes, para someternos a muchas circunstancias sin cuestionarlas. Tenemos una falsa sensación sobre nuestra capacidad de elegir. En realidad, sólo podemos hacerlo dentro del margen que nos está permitido. Vivimos bajo una gran presión social: puedes creer en lo que quieras, siempre y cuando esté dentro

EL LOTO DE LOS SEIS PÉTALOS

del rango de lo "aceptado". Cuando alguien va más allá de estos muros, es de inmediato condenado y reprimido.

Ésta es la difícil situación de hacer algo distinto, de crear una filosofía de vida fuera del margen de lo conocido o de hacer negocios como nadie antes lo ha hecho. Es la incertidumbre que enfrenta el que quiere innovar en un mundo que se resiste al cambio y, por supuesto, de aquellos que pretendemos crear nuevas formas de vida centradas en la plenitud, la felicidad y la fuerza del espíritu.

A muchos padres les molesta cuando sus hijos los desafían, cuando tienen sus propias opiniones y no se parecen en nada a las de ellos, pero eso es algo bueno: significa que los niños que criaron están descubriendo su propia libertad al convertirse en jóvenes. Una consciencia que replica y no está de acuerdo con todo es una voz que está en busca de libertad, un rebelde asertivo. De igual forma, debes recordar, si eres padre, que no es lo mismo que tu hijo de año y medio sólo quiera comer cosas que no le aportan ningún valor nutricional y tú decidas los alimentos que serán mejores para él, a que tu hijo de veinte años te diga que la carrera que quiere estudiar no es la que tú querías que eligiera. Se otorga la libertad de acuerdo con la madurez y el nivel de consciencia, como ya mencioné.

La libertad auténtica se debe ejercer en consciencia. Un borracho no es libre en realidad, sólo sigue eligiendo porque está intoxicado. Un codependiente no es libre porque sus apegos y su toxicidad nublan su intelecto. La libertad auténtica, además, conlleva responsabilidad. La responsabilidad es total cuando tenemos libertad total.

QUINTO PÉTALO

Si quieres ir fortaleciendo tus elecciones y ser cada vez más consciente para ejecutar una libertad responsable, te recomiendo tener presente esta afirmación:

> **PUEDO EJERCER MI LIBERTAD EN CONSCIENCIA Y EN AMOR, Y ASUMIR TODAS LAS RESPONSABILIDADES QUE ÉSTA CONLLEVE.**

Recuerda que parte de ser libre también implica respetar la libertad de los demás. Nombra las cosas como son, no engañes con la idea de obtener lo que quieres, sé claro para que ambas partes tengan la autonomía de decidir. Por ejemplo, es más valiente decir las verdades del producto que deseas vender (si éste tiene costos de mantenimiento altos a pesar de lo maravilloso que es, por ejemplo), que omitir la información importante y sólo mostrar los pros, mientras ocultas los contras. Muchos vendedores suelen hacer eso para vender más, sin darse cuenta de que no están respetando la libertad de la otra persona de rehusarse a comprar su producto al escuchar las desventajas que podría traer.

La libertad sólo puede ser ejercida por dos personas que están en las mismas condiciones de conocimiento, autonomía, poder sobre la situación y consciencia. Por el contrario, podría ser como si firmaras un contrato con letras pequeñas que (al no ser abogado) no sabes lo que significan. Te sentirás estafado cuando te enteres de que lo que firmaste tenía cláusulas engañosas que te pueden perjudicar.

EL LOTO DE LOS SEIS PÉTALOS

La libertad es algo inherente en nosotros. Llevamos muy poco tiempo siendo una sociedad sedentaria. El curso natural de la raza humana ha sido el nomadismo, el movimiento, la inexistencia de ataduras. El sedentarismo surge a partir de querer crear una sensación de control: muchas personas se piensan libres al tener una casa, pero están secuestradas por la renta o la mensualidad. Existen personas que tienen un carrazo del año, precioso, pero no pueden sacarlo ni a la esquina porque tienen miedo de que algo le pueda pasar y, si lo estacionan, no dejan de asomarse para comprobar que el auto esté bien. De nuevo, ahí está la falsa sensación de libertad para elegir el coche que se desea, pero acompañada de los grilletes de ser esclavo del automóvil.

He tenido la oportunidad de acudir a algunos eventos de música donde la gente que grita desde lo más profundo de sus entrañas se cree poseedora de su autonomía. Sienten que cuanto más alto griten, más libres son. Pero luego vuelven a sus cárceles mentales y regresan a esa vida donde voluntaria o involuntariamente coexisten en una prisión. Qué duro es ver a quien se siente y demuestra exageradamente su libertad, pero es fatal prisionera de su pensamiento o su mentalidad.

También he podido ver personas corriendo en el parque, practicando una danza, permaneciendo callada en espacios de meditación y saber que son libres. Porque la libertad no es algo que brota desde nosotros para que otros la vean o la validen. La libertad es un sentimiento interior, un estado de confianza, responsabilidad y dicha de ser lo que somos de corazón.

A nivel energético, la libertad es mucho más que sólo hacer lo que te venga en gana. Nelson Mandela, quién estuvo

QUINTO PÉTALO

veintisiete años en prisión, descubrió que detrás de las rejas también podía sentirse libre. Tenía dentro de sus poemas favoritos uno de William Ernest Henley, que dice así:

> Soy el capitán de mi alma,
> soy el dueño de mi destino,
> soy el creador de mi propia realidad,
> yo soy el que dirige mi barco,
> yo decido mi rumbo,
> yo soy el que elige mi camino.

Piensa en cómo te hace sentir el fragmento de ese poema. Y recuerda que cuando vayas a tomar una decisión, debes considerar dos factores: que sea mayormente guiada por el amor (que tenga una intención positiva de fondo o, al menos, una intención no negativa o destructiva), y que estés lo más consciente posible.

Un maestro de vida me enseñó que las mejores decisiones se toman cuando no estás demasiado caliente ni demasiado frío, sino cuando tienes un punto interior sereno y calmado. A veces, hay que aguardar a que pase la tormenta para poder decidir lo que podría traer más beneficios a nuestra vida. Te aconsejo que siempre te encargues de tomar las decisiones importantes en tu vida en un estado de serenidad.

No olvides que la libertad conlleva consecuencias. Hazte responsable tanto de tus decisiones como de sus consecuencias. No es congruente asumir las decisiones y culpar a los demás por sus efectos. Si no estás dispuesto a asumir los resultados, no asumas la libertad. Afronta que, para tomar una decisión, tendrás que hacerte responsable de lo que ésta genere.

Como ejercicio para este capítulo, busca en tus recuerdos un momento en el que hayas sentido realmente que eras dueño de tomar tus propias decisiones, que tenías la libertad y te sentías feliz, sano y amado. Este recuerdo debe ser coherente: eras tú el que estaba eligiendo su libertad, ese instante era sano para ti. Un momento luminoso, pleno y agradable. Y siempre mantén la claridad de que la libertad verdadera no tiene que ser un grito, un acto eufórico o un concierto de rock. Tal vez te sentiste muy libre al elegir no fumar con tus compañeros de secundaria sólo por pertenecer. O fuiste verdaderamente tú en coherencia cuando elegiste no tener un vínculo sexual sólo por miedo al rechazo. O cuando renunciaste a un trabajo porque no estaba alineado con tus valores. Lo que quiero dejarte muy claro es la importancia de reconocer la verdadera libertad. La auténtica, esa que va conectada con tu interior, con tu esencia. Esa que es como un soplo fresco de armonía y dicha. La que puede ser serena y en la que tú eliges desde tu consciencia y fuerza interior.

_____

_____

_____

_____

_____

_____

⊰ QUINTO PÉTALO ⊱

Piensa ahora cómo serías si fueras totalmente libre. Si no le dieras un peso excesivo a la opinión de los demás. Si pudieras elegir cada día de tu vida. Si en lugar de estar preso de apariencias y necesitado de reconocimiento, pudieras sencillamente ser tú, muy tú, responsable de tus actos y satisfecho con tus decisiones. Si pudieras escribirte una carta, ¿qué te dirías?, ¿qué serías si fueras completamente libre?, ¿qué cambiarías en tu vida si lo consiguieras?

❧ EL LOTO DE LOS SEIS PÉTALOS ☙

> *Una vez que estés en contacto con esa libertad profunda, pregúntate qué cosas debes hacer hoy para ser libre. ¿Qué te acerca más a tus objetivos y cuántas circunstancias cambiarían si fueras totalmente valiente para actuar desde la libertad consciente?*
>
> _____
> _____
> _____
> _____
> _____
> _____
> _____
> _____
> _____
> _____

Es un ejercicio muy nutritivo porque te darás cuenta de que hay muchas cosas que ganarías y algunas otras que perderías. La libertad no se trata sólo de obtener lo que queremos, sino de saber que a veces lo que queremos tiene un costo, un precio. Y ese precio en ocasiones es una renuncia o una decisión que te lleva a dejar algunas cosas atrás.

> *Ahora, con todo lo que has aprendido, escribe una lista de cinco cosas (posibles, alcanzables y realizables) que te acercan a esta libertad que expusiste en tu carta. Recuerda que las mejores*

QUINTO PÉTALO

decisiones de libertad van acompañadas de un beneficio para ti y para la gente que amas, y que deben ser tomadas con amor y consciencia. Por favor, procura que esta lista sea realista y consistente con tu realidad. Te doy un ejemplo: si mi lista estuviera dedicada sólo a las cosas que me dan alegría, pero me alejan de mis responsabilidades, estaría plasmando algo imposible. Para viajar a otro país, necesito que se encuentren vuelos disponibles y que mis compromisos me permitan alejarme unos días. Necesito el dinero para hacerlo y que el lugar al que quiero llegar sea un destino alcanzable. Entonces, en lugar de "hacer lo que siempre he querido", me centro en la idea de que soy libre para elegir, dentro de las muchas posibilidades que tengo, la que me hace más feliz y me da paz. Otra idea distorsionada sería pensar que puedo gastar mi dinero en lo que quiero porque es mío. En realidad, tengo compromisos, deudas, pagos y responsabilidades, así que, aunque es mío, no puedo hacer lo que quiera. Por eso, al contestar esta lista pondría algo como lo siguiente: soy responsable con mis finanzas, me conecto con la abundancia y de forma armoniosa disfruto mi dinero en paz. Espero que estos consejos te sean útiles y tu lista no sea como un cuento de hadas, sino algo que sí podrías hacer en esta vida que has elegido.

❧ EL LOTO DE LOS SEIS PÉTALOS ❧

Al terminar este ejercicio, puedes tener la sensación de que estás atrapado. O que no eres libre por los compromisos, acuerdos o responsabilidades que tienes. Si ése fuera el caso, te sugiero que entiendas que puedes conquistar tu libertad. Pero hacerlo de una manera equilibrada requiere tiempo. Por ejemplo, para hacer con tu dinero lo que te dé la gana, primero tienes que liquidar todas tus deudas. Con una economía limpia, puedes tener libertad financiera, siempre que logres mantenerte alejado de las deudas. Como en este ejemplo, tú puedes tener la libertad que quieras si das pasos contundentes para reconquistar aquellas partes de tu vida que te interesan. Sin embargo, también quiero recalcar que la libertad tiene costos, y a veces debemos asumir pérdidas a cambio de nuestra profunda liberación.

No te culpes si no te sientes muy libre. Por el contrario, qué bueno que reconozcas los barrotes de tu prisión. Bajo este entendido, ten el valor de asumir que, en una perspectiva más evolutiva, lo que te ata con más fuerza son tus creencias limitantes, tus miedos interiores, tu ansiedad frente al futuro y tus expectativas desbordantes. Desde mi corazón te pido que el viaje hacia la libertad lo comiences en tu ser y que mantengas la fortaleza para prolongarlo a tu vida diaria.

Libertad es responsabilidad. Libertad es compromiso. Libertad es respeto. La libertad más pura es la que te permite ser tú misma. Mantenlo siempre presente: la libertad ocurre dentro de nosotros, es una mentalidad, una emoción de paz, una sensación de ligereza y un acto de luminosidad superior.

QUINTO PÉTALO

COMUNICACIÓN

Ahora hablemos de la comunicación, que va de la mano con la libertad y cada una de las cosas que hemos planteado a lo largo del libro. Porque todo se conecta.

Constantemente estamos comunicando. Todo lo que hacemos es una forma de expresarnos: lo que vestimos, lo que decimos, cómo olemos, el tono en el que hablamos, el lenguaje no verbal, cómo nos enfrentamos a una situación específica, cómo tomamos los cubiertos. Absolutamente cada detalle visible de nosotros transmite. La verdadera pregunta aquí es: ¿estás comunicando lo que deseas comunicar? ¿Ejerces tu libertad al hacerlo?

¿Te ha pasado que quieres reconciliarte con alguna expareja y lo único que hacen cuando se ven es pelear? La forma en que se están comunicando dice mucho de los dos. No consiguen encontrar cómo expresar lo que en verdad quieren decir y esto los lleva a resultados no deseados. Si la comunicación fuera la correcta, te reconciliarías, pero como no lo es, terminas enredado en peleas que se repiten.

Nuestra voz es uno de los principales elementos que usamos para transmitir. Si no estamos expresando lo que queremos, se nos va la voz, se apaga, se vuelve rasposa, se atora en la garganta involuntariamente.

La piel, el órgano más grande de nuestro cuerpo, es otro elemento importante en la comunicación. Es la frontera entre nosotros y el mundo, el primer contacto con el exterior, por eso a veces se irrita y arde, y pueden surgir alergias. Es la principal evidencia de lo que queremos decir. En la adolescencia,

EL LOTO DE LOS SEIS PÉTALOS

algunas personas apenas empiezan a comprender qué quieren revelar, por lo que su piel se vuelve grasosa y llena de acné. Si alguien te gusta, por lo general tu piel se tornará de un color rojizo por la emoción, o se te pondrá la piel chinita. Los escalofríos aparecerán al pensar en algo desagradable. Y en temperaturas extremadamente bajas, tu piel se teñirá como un tinte azul. Existen cientos de ejemplos en los que tu piel comunica mucho antes que tu boca.

En realidad, el cuerpo es un experto expresándose. Escucha lo que tu cuerpo quiere comunicar, aprende a interpretarlo, comprende cómo comunicar lo que en realidad deseas. Es de suma importancia que entiendas que lo que otras personas puedan captar dependerá de cómo lo comuniques. En ocasiones, incluso es bueno revisar si lo que quieres expresar puede ser comprendido por aquellos a quienes quieres dar el mensaje.

Cuando voy a hablar con personas de temas importantes, suelo llevarme la mano al corazón, porque ese gesto me ayuda a recordar que lo que voy a decir proviene de un lugar profundo dentro de mí. Procura que siempre que vayas a decir cosas importantes, sea en paz y con serenidad, no con la cabeza fría o sin emociones, sino tranquilo. El hablar cosas difíciles, el poner límites, el terminar una relación de pareja no siempre es fácil, pero se puede comunicar desde un espacio de serenidad.

Otra cosa que practico es que antes de entablar un intercambio de comunicación suelo mirarme en el espejo y repetir lo que diré. Esto me ayuda a entender el mensaje, a ser cuidadoso con mis palabras. De esta manera, será mucho más

QUINTO PÉTALO

claro lo que quiero transmitir a la hora de expresárselo a la otra persona.

De hecho, es un tema que me apasiona mucho e imparto un curso que se llama Comunicación Consciente, en el cual proporciono una serie de herramientas aplicables a la vida diaria. Es un tópico que me encantaría tocar con mucha más profundidad en otro de mis libros, pues he ido desarrollando con los años una técnica muy puntual y precisa, extensa pero increíble.

No hay mayor libertad que la que ejerces cuando comunicas lo que eres realmente. No tengas miedo de ser tú mismo, pero cuida las formas: expresar lo que eres no te da permiso para lastimar o avasallar a los demás. Exprésate desde tu ser con armonía y verdadera paz.

En este momento, ¿qué estás comunicando con tu postura, con tu forma de vestir, con lo que te rodea? ¿Hay amor o abandono? La comunicación también es hacia dentro. Tu comunicación interna te dice que te quieres y te aceptas, que te has descuidado o que te estás exigiendo mucho.

EL LOTO DE LOS SEIS PÉTALOS

Te propongo que te des un tiempo para sentir aquello que no has dicho y expresado, eso que lleva tiempo removiéndose en tu interior. Ésta es la oportunidad de expresarlo, sólo recuerda hacerlo de forma clara, directa y amorosa. Créeme, cuando somos capaces de poner en palabras lo que sentimos, ese sencillo hecho nos da claridad y nos permite recolocarnos. Es común sentir que tienes un inmenso problema, pero se siente menos grave cuando lo conversas con alguien. Y si se lo cuentas a alguien más, descubres cómo se va transformando en algo cada vez menos problemático. En ocasiones, cuando ya lo has contado varias veces, incluso tú misma tienes una perspectiva distinta y encuentras una manera de abordarlo mucho más tranquila y positiva.

Te invito a que escribas lo que está haciendo ruido en tu interior.

⋅§ QUINTO PÉTALO §⋅

Para complementar esto, es bueno que recuerdes que el recurso escrito siempre resulta muy útil: si no se lo puedes decir directamente a la otra persona, puedes hacer una carta y, al finalizarla, quemarla o romperla.

Cuando yo estoy muy enojado, a menudo me grabo en un video soltando toda la rabia y la carga acumulada. Digo todo lo que necesito para liberarlo, y luego, elimino el video. De alguna forma, cuando sale de nuestro cuerpo nos vamos limpiando. Quizás ésta es la mejor vía para hacerlo de forma asertiva. No tengas miedo de expresar lo que tienes dentro, puede no ser tan bueno, pero mientras lo digas desde la armonía y el amor, de forma consciente y sin lastimar deliberadamente, te hará bien. Mucha atención: tú tienes el derecho de expresar lo que llevas dentro, pero no de lastimar sin sentido a las personas que te rodean.

Experimenta el balance perfecto entre dejar salir lo que llevas dentro y ser consciente del efecto que éste tiene en los demás.

De la misma manera en que expresamos lo que nos desagrada o nos lastima, es también importante que seamos capaces de mostrarnos lo bonito, lo bello y lo útil a nosotros mismos.

Esta práctica es muy linda y, si la realizas con toda la intención, te dejará una hermosa energía de valoración y amor propio.

❧ EL LOTO DE LOS SEIS PÉTALOS ❧

¿Cómo, en este momento, puedes comunicarte a ti mismo valoración, aceptación, aprobación y respeto? ¿Qué te dirías? ¿Qué harías en este instante para ser más consciente y receptivo de todo lo bueno que realizas y te das a ti y a los demás?

_____

_____

_____

_____

_____

_____

_____

Termina este ejercicio con la siguiente frase:

**Recibo y valido todo lo bueno que hago,
y lo lindo que comparto con los que me rodean.**

Escribe enseguida una lista de las personas más importantes en tu vida. Pregúntate: ¿qué es lo que te gustaría decirles? ¿Qué es lo que quieres que ellos perciban de ti? ¿Apoyo o gratitud? O bien, puedes compartirles lo que sientes por ellos. Sólo exprésate libremente.

_____

_____

_____

_____

_____

QUINTO PÉTALO

Ahora que tienes todo eso aquí, puedes elegir si los buscas y se los compartes en una llamada, mensaje o un encuentro lindo y especial. O si simplemente quieres reconocerlo y expresárselos desde el alma, sólo con tu pensamiento o una mirada. Es muy importante que sepas que aun si las personas más importantes ya murieron o no puedes contactarlos de forma directa, por algún motivo, puedes expresar lo más lindo desde tu voz del alma, quizá mirando al cielo o en un ejercicio a través del cual puedas visualizar o sentir su presencia. La energía de aquellos a quienes amamos de alguna manera siempre está cerca de nosotros, así que tu mensaje llegará directo a ellos si lo haces con verdadera intención, como ahora.

Recuerda que la libertad es una capacidad interior, nadie te la puede dar y nadie te la puede quitar. Ejercerla es un acto consciente: a mayor nivel de consciencia, más fácil y ligero será el regalo de la vida. Una persona libre de verdad respeta la libertad de los demás: podemos sugerir, aconsejar y acompañar, pero no debemos coartar ni encerrar la libertad de los otros. Es necesario poner mucha atención en esto.

La comunicación es una expresión libre. Entre más aprendamos a transmitir, más asertivo será lo que revelemos. Una persona consciente e inteligente encuentra el camino para comunicar de esta forma. En este libro, ¿qué te ha parecido la comunicación? ¿Has encontrado claridad en los ejemplos y los ejercicios? Imagina toda esta información, el bien que le está haciendo a tu vida y cómo puedes, al igual que a lo largo de estas páginas, tener conceptos precisos para compartir y expresar en libertad y asertividad, con armonía, para tener una vida plena.

❧ EL LOTO DE LOS SEIS PÉTALOS ❧

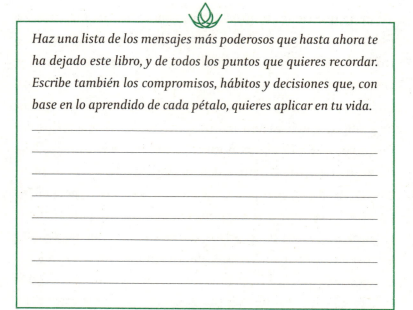

Haz una lista de los mensajes más poderosos que hasta ahora te ha dejado este libro, y de todos los puntos que quieres recordar. Escribe también los compromisos, hábitos y decisiones que, con base en lo aprendido de cada pétalo, quieres aplicar en tu vida.

Todo gran cambio vital comienza por la consciencia y toda vida mejora cuando elegimos aplicar lo aprendido en nuestra cotidianidad. Qué necesario es ir completando en consciencia nuestro bello loto interior.

Ahora, después de realizar el trabajo vital, atravesar el placer, conectar con la fuerza, elevarnos con el amor y responsabilizarnos con la libertad, iremos en el próximo capítulo hacia la trascendencia y la espiritualidad.

Te agradezco y te honro por estar recorriendo los capítulos, por tomar notas, por completar los ejercicios, por comprender las ideas y por encender tu llama interior con el deseo de crecer y mejorar.

Te dejo el siguiente regalo para cerrar luminosamente este capítulo. Justamente esta afirmación es de mis consentidas.

QUINTO PÉTALO

Haciendo memoria, llevo más de veinte años con ella y me ha dado resultados extraordinarios. Sé que si la incorporas a tu práctica diaria, verás que todo comienza a fluir de una manera mucho más serena.

Me expreso consciente y fluidamente.

Con ligereza avanzo.

Soy libre para vivir saludablemente.

Todo ocurre en un ritmo perfecto con serenidad y confianza.

Capítulo nueve

Sexto pétalo

El sentido de trascendencia, la espiritualidad y lo sutil

> *Escribe algo que valga la pena leer, o bien,*
> *haz algo para que valga la pena escribir.*
> BENJAMIN FRANKLIN

Estimado lector, hemos llegado al último pétalo de esta hermosa flor de loto que ha ido emergiendo constante de entre las páginas del libro.

Confío en que, al seguir los pasos que he indicado, descubriste cómo sanar desde diferentes perspectivas. Las enseñanzas contenidas en este libro son un recurso muy valioso para florecer en medio de las dificultades de la vida, como la flor en medio del lodo.

Sostengo firmemente que todos tenemos el deseo profundo de estar bien, de sanar, de vivir en armonía; es nuestra responsabilidad hacernos cargo de nuestro bien vivir. Es un

EL LOTO DE LOS SEIS PÉTALOS

acto de amor propio liberarnos de lo que nos limita a SER y mantenernos en el sendero hacia la felicidad personal.

A lo largo de estos capítulos, de las preguntas y las reflexiones, de los ejercicios y el conocimiento, tu flor se ha embellecido.

Recuerda: cada pétalo que conforma la flor es igual de valioso y relevante; ninguno es más importante ni urgente que otro. Cada uno posee su propia complejidad, y su esplendor depende de que los demás estén en el lugar que les corresponde.

En este capítulo, el último, abordaremos conceptos complejos e intrigantes. El ser humano, por naturaleza, tiende a buscar algo más en la vida, algo que a menudo anhela desde la naturaleza de su ser: trascender. A lo largo de la historia, las personas han sentido la necesidad inherente de dejar una huella en el mundo, una marca que evidencie su paso por él. Incluso en épocas prehistóricas, se han encontrado vestigios del sentido que la humanidad le daba a la muerte o al nacimiento. Parecían reconocer que había algo más allá de la experiencia física y trataron de dejar una impronta perceptible para futuras generaciones, un legado.

En algunas de las tumbas más antiguas en África se han encontrado cuentas que fueron talladas y dejadas en el interior junto con el cuerpo: estaba implícito en ellas el sentido de la vida que venía después de la muerte.

Esta inclinación hacia una realidad sutil se ha manifestado en la humanidad a través de las costumbres entregadas a su descendencia. Está claro que hay un deseo profundo de legar algo al mundo. A nivel físico, lo hicieron a través de la

SEXTO PÉTALO

procreación: llenaron la Tierra con descendientes que llevaran su sangre, que representaran a su clan familiar o su linaje.

En cuanto al plano mental, nos dejaron inventos, comida, arte, descubrimientos, cuentos, leyendas, creencias, ritos, rituales y muchas maneras de ver y entender lo que vivieron. Una de las herencias más importantes hasta la fecha sigue siendo el conocimiento.

Desde la dimensión de lo emocional, se nos compartieron valores interiores, respeto por los ancianos, compromisos de amor, lealtades y un bello abanico de sentimientos complejos, muchos de ellos maravillosos.

Por supuesto, estas herencias también conciernen al nivel de lo espiritual: la visión de lo divino, los puentes hacia otras realidades, oraciones, prácticas "religiosas", conexiones con la naturaleza y la madre tierra, y la mirada profunda que nos impulsa hacia lo eterno.

Por milenios, el conocimiento sobrevivió en mayor parte de forma oral. Hay mitos que han llegado hasta nuestros días transmitidos de esa manera, con este deseo de que los mensajes puedan atravesar el espacio y los siglos hasta nuestra actualidad.

Retomo una idea central de este capítulo: todos compartimos el impulso de dejar un legado, sin embargo, con el tiempo nos hemos dado cuenta de que los hijos no son la única forma de dejarlo. Se puede plasmar en una canción, una frase, un poema, un consejo, una acción altruista, un pensamiento, una pintura, un libro. La gente anhela ser recordada con memorias agradables, por lo que a menudo organizamos celebraciones, esperando que todos disfruten y hablen de lo extraordinaria que fue nuestra vida. Siempre pensamos en lo que podemos dejar en los demás y deseamos que esas memorias perduren en sus corazones.

Una vez que lograste poner en orden los cinco pétalos anteriores, es el momento propicio para comenzar a adentrarnos en el sexto y último pétalo.

TRASCENDENCIA

La trascendencia tiene un gran poder, dado que engloba dos significados posibles. En primer lugar, implica ir más allá, reflexionando sobre cuáles de tus acciones y esfuerzos contribuyen al bienestar de los demás. Este libro es un claro ejemplo de trascendencia, ya que pretende llegar a un entendimiento superior, en su búsqueda de beneficiar a todos aquellos que lo leen, e incluso a quienes no lo han leído, como tus hijos, que están siendo beneficiados por los pétalos, o los empleados del jefe que leyó estas páginas y está implementando cambios en su vida que afectan positivamente a sus trabajadores y su empresa. Aplica a todos ellos, pues las semillas que se han estado sembrando en tu interior crecerán y se expresarán en tus entornos. Si tus semillas son sanas, a tu alrededor inspirarás salud.

El segundo significado de trascender es elevarse, superar el punto más alto previamente alcanzado. Esto también se ha dado en ti: tu consciencia ha crecido. Hoy, querido lector, puedo aseverar que eres una mejor versión de ti por todo lo que has incorporado a partir de lo que este libro te está dejando.

SEXTO PÉTALO

Durante uno de mis viajes, mientras estudiaba historia del arte, una persona me ayudó a comprender algo fundamental. Me explicó que la diferencia entre un gran maestro de la pintura y un muy buen pintor es únicamente una chispa de *"je ne sais quoi"* (ese no sé qué). Un buen pintor domina técnicamente su arte y puede replicar con precisión las obras de los grandes maestros, crear bodegones asombrosos, retratos y una amplia gama de pinturas. Sin embargo, su obra no trascenderá de la misma manera que la de un gran maestro, quien, a pesar de poseer una técnica menos refinada que un buen pintor, logra que su arte sea recordado gracias a la inigualable emoción que transmite.

Esta idea me llenó el corazón, me regaló un destello de lucidez y me hizo pensar en uno de mis cantantes favoritos, quien tal vez no tiene la mejor técnica vocal y algunas de sus canciones no son consideradas sobresalientes. Sin embargo, ha colaborado con grandes artistas y su voz, sin importar sus limitaciones técnicas, posee ese *"je ne sais quoi"* que evoca una multitud de emociones en quienes lo escuchan. Por eso siento que lo que trasciende no es sólo la forma externa, ni en el arte, ni en la música, ni en la vida.

Lo que subyace, lo que es sutil, pero inspira. Aquello que tiene su encanto, que perfuma en lo profundo la existencia. Eso, justo eso, es lo que perdura en el tiempo.

Esta diferencia se asemeja a la distinción entre una casa que luce impecable, como en una revista, perfectamente diseñada y concebida, y un hogar que, sin tanta perfección estética o apariencia de sofisticación, emana calidez y personalidad, un encanto palpable en el ambiente.

EL LOTO DE LOS SEIS PÉTALOS

Te resultará muy útil entender que la armonía y la trascendencia no exigen la perfección. No es necesario ser perfecto para irradiar ese encanto, ni esperar que todo en tu vida sea impecable para experimentar la armonía.

Si el legado que estamos dispuestos a dejar surge del ego y busca recibir alabanzas y monumentos en nuestro nombre, no está llevándonos al sentido de trascendencia plena. Eso sólo dejará una impronta en un nivel superficial. En lo personal, el mejor ejemplo de lo que podemos aportar y legar lo encontré en mi abuelita.

Mi abuelita Tere sigue viviendo en mí hasta el día de hoy. Aunque ya falleció, siempre me refiero a ella en presente. Originaria de Chihuahua, nació en una familia privilegiada, quedó huérfana y, después de circunstancias muy complejas de relatar aquí, lo perdió todo (en sentido material) y se convirtió en una mujer trabajadora. Debido a la temprana pérdida de su padre, se vio en la necesidad de ayudar a su madre a sostener el hogar. Desde muy joven, asumió la responsabilidad de cuidar de sus pequeñas sobrinas. Fue entonces cuando conoció a mi abuelo, un hombre veinte años mayor que ella. Mi abuela vivía en una modesta vecindad cerca de la iglesia, y era una mujer profundamente religiosa. Aunque nunca protagonizó hazañas notables a los ojos del mundo, no existen estatuas en su honor, placas conmemorativas ni canciones que relaten sus proezas, me crio con un amor y un cuidado excepcionales.

A ella le debo en gran medida mi corazón amable, y le agradezco por haberme alentado a seguir el camino que ahora recorro.

❧ SEXTO PÉTALO ❧

Mi abuelita trascendió: vive en mi corazón y en todo lo que hago, digo y enseño. Ella fue quien me instruyó a respetar a Dios y tener un contacto con lo espiritual, quien me mostró cómo debía amar a los demás seres humanos. Y lo más bonito, me educó con su ejemplo. De su forma de ser descubrí que la verdadera espiritualidad no se predica, se practica.

Mi abuelita Tere me enseñó que existen formas de trascender que no quedarán registradas en libros ni en artículos, no se reflejarán en seguidores o en "me gusta" de redes sociales, pero perdurarán en la esencia de las personas.

Querido lector, te invito a pensar en esas personas que han dejado una huella imborrable en tu vida, quienes te han abierto su corazón y a quienes agradeces eternamente por sus consejos o su amor incondicional. Esta trascendencia no es un reconocimiento alimentado ni gestado por el ego, es algo natural, algo que nace desde lo más profundo del corazón. Como una sonrisa que brota de la esencia, una mirada que emana desde la gratitud, la belleza de una luna creciente. Cada ejemplo lleva dos cualidades: la generosidad y la completa naturalidad. Surge porque está, y está porque es.

Mi abuelita era una buena mujer que ayudaba a quien podía... y eso incluía prácticamente a todo el mundo. Se convirtió en madrina de medio pueblo. Su trascendencia no se manifiesta en actos físicos monumentales, como la construcción de calles o casas para los menos afortunados, pero sí impactó en la vida de muchas personas. Siempre tuvo las puertas de su hogar abiertas para quienes necesitaban refugio. Cambió mi vida y sigue transformando la de otros a través de sus enseñanzas y las palabras que fluyen a través de mí.

Tal vez puedas hacer una pequeña pausa, y darte un momento para reflexionar en quienes han dejado huella positiva en tu vida, en esas personas maravillosas en tu sendero que te enseñaron lecciones invaluables que siguen presentes en ti.

Te invito a que las pienses, les agradezcas, les hagas saber la importancia de su labor. Desde tu interior puedes repetir esta afirmación:

Agradezco todo lo bueno
que me dejó...

Valoro sus lecciones y enseñanzas
que me mostraron...

Bendigo su camino donde quiera
que esté.

Y deseo que todo el bien que dejó en mí
y en el mundo le sea multiplicado
en paz y bien.

❧ SEXTO PÉTALO ❧

La vida tiene siempre sus sincronicidades. Mientras escribía sobre este punto, coincidió con que asistí al ballet folclórico en el palacio de Bellas Artes, y cuando salieron las soldaderas (mujeres que lucharon y acompañaron a sus hombres en el periodo de la Revolución mexicana) a interpretar su baile, me quedé reflexionando en cómo su contribución y trascendencia no siempre ha recibido el reconocimiento que merecen. Estas mujeres, a quienes la historia no ha otorgado suficiente crédito, lucharon por el México que se conoce hoy en día. Sus acciones cambiaron el rumbo del país del que provengo. Aunque haya tomado años reconocer su importancia, esta trascendencia va más allá de lo tangible. Emana autenticidad desde el corazón. Puede parecer que nadie las recuerda, pero siempre habrá algo que atestigüe lo que lograron. Quizá no hay monumentos ni condecoraciones para ellas, pero son una parte esencial de México, tocado por su heroísmo. Fueron consejeras, amigas, compañía, proveedoras. Noto su trascendencia en la fuerza auténtica de las mujeres.

Seguramente en tu país ha habido personajes femeninos con este tipo de fuerza, que lucharon y acompañaron en diversas situaciones y diferentes batallas, y sus actos también dieron forma a tu nación.

Trascender para mí está en contribuir. Enaltecemos a los próceres, a los hombres que terminan siendo monumentos. A los directores de orquesta, a los genios inventores. Pero no podemos olvidar que detrás (y delante, diría yo) hubo pueblos que emprendieron la lucha, músicos que pusieron su pasión al interpretar las sinfonías, y muchas manos y mentes que colaboraron y dieron forma a los grandes inventos. Por

❧ EL LOTO DE LOS SEIS PÉTALOS ☙

eso, la trascendencia egotista es sin duda la más perseguida, pero la auténtica y más útil se da cuando elegimos cooperar por un bien mayor.

En cada país, en cada latitud de este inmenso mundo, tenemos ejemplo de grandes hazañas que trascendieron y no tendrán un monumento ni una placa que las conmemore. Pero eso no les quita su valor, ni su legado. No arranca la grandeza de los actos. Porque las lecciones de vida, los inventos o descubrimientos, las grandes frases, los más exaltados ejemplos trascienden sin necesidad de un nombre propio. Simplemente se vuelven parte de lo que en verdad le importa a esta humanidad.

Mientras reflexionas y acudes a tus propias memorias, quizá puedas reconocer en ti este espíritu de fuerza, cooperación y voluntad.

Pregúntate y responde a continuación: ¿cuáles han sido tus contribuciones a la vida? ¿Cómo has logrado trascender en tus entornos? ¿Te sientes parte de algún movimiento sencillo o complejo?

⁓ SEXTO PÉTALO ⁓

Por favor, nunca subestimes tu capacidad de sumar, a veces en una pequeña frase se cambia una vida, y una vida puede cambiar el mundo. No necesitamos más protagonistas egotistas. No tienes que romper un récord o ganar una medalla. Tal vez tu servicio y tu ejemplo no aparecerán en ninguna estadística. Sin embargo, vivirán en un lugar más importante, el corazón, y las acciones de todos aquellos en quienes has dejado huella.

Te invito a que ingreses al código QR y me permitas acompañarte en una meditación bella y nutritiva para tu corazón.

La vida puede asemejarse a una escalera de etapas progresivas. Nacemos con un enfoque primordial en vivir y experimentar la existencia. Luego, nuestra atención se centra en las necesidades básicas, los impulsos primarios y nuestros deseos más inmediatos. Después, aspiramos a alcanzar el poder personal y la gloria en nuestras vidas. A medida que avanzamos, nos embarcamos en la búsqueda del amor, tanto el propio como el de los demás. Por último, llegamos a un nivel en el que encontramos la libertad y dominamos las habilidades de comunicación.

Sin embargo, muy pocas personas llegan al último pétalo. A menudo, aquellas que enfrentan carencias significativas en

EL LOTO DE LOS SEIS PÉTALOS

sus vidas no pueden permitirse pensar en la trascendencia, ya que están ocupadas con pensamientos más básicos, relacionados con la supervivencia. Lógico y comprensible. Primero, debes asegurarte de tener suficiente comida para el día, encontrar un sitio para dormir y que tus seres queridos tengan lo básico. Pero esto se puede volver una trampa infinita, porque siempre habrá "necesidades" que satisfacer.

Si estás leyendo esto es porque tienes el potencial de alcanzar el sexto pétalo: la trascendencia. Y te felicito, porque esto muestra que tu estado evolutivo es mayor. Ahora recuerda que trascender es un objetivo que debes perseguir de manera activa, y esto se puede hacer de múltiples formas, ya que no se limita a realizar donaciones caritativas de manera ocasional, sino a explorar cómo puedes dejar un legado más allá de lo que es visible a simple vista.

El loto, en su naturaleza simbólica, representa la luz, el viento y la humedad, elementos aparentemente imperceptibles, pero esenciales para completar la armonía en nuestra vida. La salud, por ejemplo, carece de plenitud sin un sentido de trascendencia y propósito en la vida. ¿Para qué quiero estar sano? Para hacer, para compartir, para disfrutar, para vivir, para recorrer y, por supuesto, para trascender. Sin embargo, no es necesario complicar las cosas; la mayoría de las veces la clave reside en lo simple.

Un día, un hombre llamado Rodolfo llegó a mis sesiones de terapia. A medida que compartía su historia de vida, ésta se reveló como simple, humilde y tranquila. Él había pasado la mayor parte de su existencia en un pintoresco pueblo, donde había nacido y crecido. Su hogar albergaba cabritos. En la

SEXTO PÉTALO

plaza principal del pueblo, una sencilla fuente llenaba el espacio. Todo era sencillo, simple, lejos de lo extraordinario. En un principio, su historia no parecía particularmente llamativa ni llena de acontecimientos dignos de contar, pero a medida que profundizamos, su relato adquirió un poderoso significado.

Cuando este hombre alcanzó la juventud, decidió casarse con una mujer de belleza promedio y un enorme corazón. Juntos formaron una familia. Criaron a sus hijos con mucho cariño y contención, en la misma casa donde él había vivido toda su vida, en ese pintoresco pueblo que conocían tan bien, rodeados de sus chivitos.

Tuve muchos encuentros con Rodolfo y conversamos desde el respeto mutuo, pero recuerdo en especial una charla muy emotiva en la que compartió conmigo una experiencia que lo había marcado profundamente. Me dijo: "Sentado en las escaleras de mi casa, la misma casa en la que he vivido durante toda mi vida... volví a ver la fuente de la plaza. Es una fuente sin ningún detalle especial, pero no puedo evitar sentir que la felicidad que albergo en mi interior es la más pura que jamás haya existido".

La simplicidad de su vida era asombrosa, no tenía muchos recursos, pero nunca le había faltado nada. En ese instante experimenté una epifanía que me hizo comprender que no es necesario buscar lo extraordinario para que nuestra vida tenga significado; incluso las cosas más simples pueden trascender. La espiritualidad no se limita a la vida monacal, los *ashrams* o peregrinaciones a lugares sagrados; puede hallarse también en la paz cotidiana de tu propia vida. Quiero que

EL LOTO DE LOS SEIS PÉTALOS

comprendas esto, estimado lector, porque es un punto de gran importancia. Rodolfo no se había enfocado en el tener, sino en el ser: ser un buen padre, un buen esposo, un buen ciudadano, un buen ser humano.

¿Cuántas veces tenemos lo más bello justo frente a nosotros? Sin embargo, estamos tan ocupados en las expectativas que lo ignoramos. Quizá, tu vida más feliz es la que ya tienes. Tu mejor lugar es en el que ya estás. Tu mejor versión eres tú en coherencia y paz.

No necesitas cambiar quien eres ni adoptar ninguna religión específica para alcanzar este concepto y la gran serenidad. No debes, por obligación, alterar tus hábitos alimenticios ni seguir reglas estrictas. La plenitud también se encuentra en lo más simple, tal como lo experimentó ese hombre con la modesta fuente que admiró toda su vida y hasta sus últimos días. Conozco muchas personas que han tenido carreras exitosas, mucho dinero y casas enormes, con su vida prácticamente resuelta, pero no han logrado encontrar la sensación que me describió Rodolfo. Él, teniendo una vida sencilla en un pequeño pueblo, alcanzó una dicha increíble. Por supuesto, lo uno no excluye a lo otro. Es decir, que tengas esta trascendencia no significa que debas renunciar a las comodidades a las que estás acostumbrado. Puedes tener acceso a la plenitud desde cualquier nivel de vida. Lo único necesario es que tengas en cuenta que la plenitud se encuentra dentro, que tu ser lo comprenda en verdad. No está afuera, con los mil objetos que puedas comprar, ni con las medallas que debas adquirir. La plenitud está en los ojos y el corazón de quien la contempla.

⚘ SEXTO PÉTALO ⚘

La clave está en vivir en paz contigo mismo y aceptarte tal como eres. No importa cuán devoto seas, cuánto dinero tengas, la salud que disfrutes, si eres muy hermoso o no, el amor que recibas o cuán atlético te consideres. Todo carece de valor si no hay paz en tu vida. Esta sensación de armonía y tranquilidad es el componente esencial que da significado a la energía creadora y a la voluntad activa.

Hagamos una pequeña pausa ahora y revisa: ¿cómo estás? ¿Te encuentras en un estado interior de mayor conexión? ¿O estás centrado en acumular todas las cosas superficiales que te adornan? Se puede tener ambos: en la verdadera espiritualidad todo puede coexistir en perfecta armonía. Está bien ser rico y meditar. Es correcto tener belleza exterior y también interior. La mezcla de lo más moderno y exclusivo con lo tradicional y lo puro es bellísima. No debes renunciar a nada para alcanzar lo sublime y lo trascendental, y es importante resaltarlo. La dificultad radica en no perdernos del camino.

Si en este momento tú estuvieras sentado a la puerta de tu casa, ¿qué tan satisfecho te sentirías con tu vida?

❧ EL LOTO DE LOS SEIS PÉTALOS ❧

¿Cómo sientes que avanza o camina tu vida?

¿Cómo estás en tu ámbito profesional?

❧ SEXTO PÉTALO ❧

¿Qué tan satisfecho te sientes por los logros que has alcanzado?

¿Cómo estás en tus relaciones interpersonales?

⊰ EL LOTO DE LOS SEIS PÉTALOS ⊱

¿Cómo es tu comunicación con la gente que más amas?

¿Cómo estás en tu interior? ¿Te quieres, te aprecias, te tratas con cariño?

❧ SEXTO PÉTALO ❧

¿Cómo estás en tu salud, no sólo física, sino integral?

¿Cómo estás contribuyendo a un mundo mejor?

No estás presentando un examen, no habrá quién te califique, pero te servirá de introspección para que puedas reflexionar sobre tu propia trascendencia.

Por favor, no subestimes tu capacidad de sembrar semillas y de influir positivamente en los pequeños actos. No menosprecies el poder de escuchar con el corazón a quien lo necesita, ni de dar un abrazo a una persona rota. No pienses que regar un árbol es un acto menor, ni que ser buena hija, hermana o padre es poco importante. Porque a ti y a mí nos ha marcado una palabra de amistad o apoyo auténtica. Nos ha salvado de la desesperación una conversación nutritiva. Y quizás un buen libro ha tocado más nuestra alma que cien películas vacías.

ESPIRITUALIDAD

Aunque la espiritualidad pueda parecer abstracta y no estar relacionada con ningún órgano físico específico, se refleja en todos los aspectos de tu vida. No hay un órgano corporal que la represente, pero su influencia es innegable.

La paz se refleja en diversas facetas de tu vida, desde la capacidad de tus células para mantenerse sin oxidarse hasta la asombrosa flexibilidad de tu cuerpo y mente. Esta paz se manifiesta en tu capacidad para sonreír y maravillarte ante el mundo que te rodea. Va más allá de la fuerza de tus músculos: se encuentra en la fortaleza de tus conexiones y en tus ideales. En el plano mental, encontrar la paz es un proceso profundo que implica liberarse del conflicto. Lamentablemente, muchos de nuestros pensamientos están plagados de discordia, y vivimos en un estado constante de alerta y supervivencia, como si todo el tiempo estuviéramos en modo "luchar o huir". La paz nos invita a elevarnos por encima de dicho estado, a transformar el caos en armonía.

Nuestras emociones a menudo están en desorden o en un estado de PROHIBIDO SENTIR, las reprimimos de manera constante o ignoramos nuestro mundo emocional como táctica de evasión. La Paz interna nos conduce a aceptar e integrar de una forma sana los sentimientos e incorporarlos a un campo de serenidad y calma (a pesar de las circunstancias).

La paz espiritual pareciera no reflejarse en el cuerpo físico, no hay un órgano que se asocie a la paz, la espiritualidad o la trascendencia, pero se refleja en todo. Es como una esencia que habita sutilmente en cada célula e interactúa con cada órgano, aparato o sistema.

En ocasiones, parece que la vida nos lleva a un estado de estrés continuo. Como si todo se tratara de perseguir constantemente nuestro alimento o de protegerlo de los posibles robos, como en la era de las cavernas. Desde nuestros instintos primarios, hemos aprendido que podemos vivir con pocas ideas en la cabeza y propósitos que rondan lo cavernícola (como comida y procreación), o podemos tener un proceso mucho más evolutivo, donde exista esta convicción de no sólo sobrevivir sino también vivir. Necesitamos transformar ese viejo y arcaico conflicto en una experiencia duradera, donde el caos desaparezca y la vida se vuelva armoniosa. Ahora sabemos que, pese a las circunstancias habituales, debemos estar atentos para vivir con más sentido y, así, cocrear nuestra

EL LOTO DE LOS SEIS PÉTALOS

realidad y trascender. Debemos transformar todo este conflicto en una paz profunda y duradera, donde el caos se convierta en armonía.

Te sugiero que busques momentos de silencio. Toma tres minutos de tu día para respirar y escuchar tus inspiraciones. Redobla tu voluntad, porque al principio va a ser difícil. Van a surgir voces y ruidos mentales, pero debes resistir, hazlo cada día, uno tras otro, hasta que poco a poco llegues a un punto en el que tu ser entienda el silencio. Este silencio es una de las voces más claras y sabias para resolver tus preguntas y conflictos. Estoy convencido de que esa conexión te dará nuevas perspectivas y un lugar distinto desde donde mirar tus problemas para encontrar soluciones y posibilidades efectivas.

A nivel emocional, la paz es un estado muy elevado al que puedes aspirar, un estado emocional. Cuando te encuentras ahí, todo lo demás se mueve de forma más armoniosa, te vuelves mucho más asertivo, más inteligente, más tolerante, más consciente. Se nos ha hecho creer que los verdaderos superhombres son los que brincan más alto, corren más rápido o tienen una fuerza descomunal, y esto es cierto en cuanto al físico se refiere. Sin embargo, son aquellos que brincan los obstáculos ordinarios y que recorren sus vidas con claridad y confianza, los que alcanzan una armonía y, por lo tanto, una vida superior.

La próxima vez que experimentes paz en un momento determinado, cuídala, protégela, prolóngala. Si estás teniendo un momento de paz contigo, mantenlo lo más que puedas. La paz brota y se expresa. Aunque al principio se trate sólo de

SEXTO PÉTALO

pequeños impulsos esporádicos de gran satisfacción, con la actitud y la disposición correcta podemos estar cada vez más en un constante estado de profunda, serena y deliciosa paz interior.

A nivel espiritual, la paz crea unidad entre tu espíritu y el Gran Espíritu. Cuando tú estás realmente en este estado profundo y honesto, tu energía se fusiona con la totalidad. Entras en resonancia con el corazón de la madre tierra, y todo se armoniza y coexiste en un orden superior. La auténtica paz no tiene nada que ver con levitar, mortificar el cuerpo o caminar en el agua, sino con poder hacer que lo bueno perdure y que tu vida sea un reflejo claro de tu brillo interior.

La paz sana, alivia. Nos pule como personas y crea a nuestro alrededor un bienestar integral que podemos compartir con los que amamos.

Si bien el objetivo es alcanzar una paz constante, lo importante es reconocer que se trata de un proceso. Si vas encontrando espacios de paz, los podrás ir prolongando.

Te confieso que no vivo en la paz todo el tiempo, pero todos los días me esmero para que el tiempo que vivo fuera sea cada vez menor. Hasta donde voy en mi camino de vida, puedo decirte que vivo la mayoría de las experiencias de mi vida en paz, aunque hay desafíos que me sacan de ahí. Sin embargo, mantengo clara mi atención y reconozco que mi propósito es regresar a ese estado de sosiego lo antes posible.

Ahora te preguntarás cómo puedes alcanzar este estado. A continuación, compartiré contigo algunas claves y consejos para recuperar tu paz.

EL LOTO DE LOS SEIS PÉTALOS

El silencio. El espíritu habla en el silencio, aprende a escucharlo. Cada vez vivimos inmersos en más ruido. Ruido auditivo, visual, interno, sensorial. Es decir, nos vamos acostumbrando a ese caos sutil, a esa prisa exagerada, a esa intranquilidad constante, a la saturación de estímulos. Todo esto es ruido. Es interferencia, distracción y caos. Y la paz es justamente lo contrario.

Por este motivo, cuando te hablo del silencio me refiero a ese silencio interior, a la suavidad de la presencia y a la ligereza del estar. El silencio es una práctica indispensable. Haz al menos tres respiraciones en silencio al día. Por momentos estamos tan fuera de nosotros que incluso tres sencillas respiraciones se vuelven toda una conquista. Créeme.

También puedo decirte, como un buscador constante de silencio, que cuando lo vas experimentando (así sea de forma muy breve), lo que te deja es inmensamente satisfactorio y reconfortante.

Otra propuesta es que hagas una lista de todo aquello que te quita la paz. Pueden ser personas o circunstancias, recuerdos o problemas. Te darás cuenta de que mucho de lo que te quita la paz no existe, no está presente, se encuentra en el pasado o el futuro, pero no en tu aquí ni en tu ahora. Elimínalo de tu cabeza, no dejes que te arrebate tu paz.

Todos los seres humanos vivimos momentos de desconexión, espacios donde nos embrutecemos, lugares o personas con los que perdemos la atención de lo esencial. Lo más importante es que estas "distracciones" no se vuelvan ladronas de tu paz.

☙ SEXTO PÉTALO ☙

Para reconocerlas, te invito a que tomes un minuto para hacer una lista de las cinco cosas que quitan paz en tu vida.

_____
_____
_____
_____
_____

Tómatelo con calma. Si algo te estresa, respira profundamente y no le des el poder de arrebatarte la paz. Con las personas, aplica la misma regla: si no te aportan tranquilidad, puedes alejarte de ellas. O poner límites sanos. No se trata de romper todos los vínculos, sino de aprender a cuidarnos a nosotros mismos. En ocasiones, concedemos nuestro poder a personas que ni siquiera saben que lo tienen. Por ejemplo, cuando te estresas porque esa persona especial no te contesta los mensajes e imaginas los peores escenarios (digamos, por ejemplo, que está con alguien más, que no le importa lo suficiente o que no te ama), cuando es probable que sólo esté ocupado o sin pila en su celular para llamarte. Y esa persona no tiene ni idea de que tú perdiste tu paz, y que estás angustiada y sufriendo.

Lo que puedes aprender de esto es que a veces somos tan zonzos que solos entramos en el sufrimiento y el caos, perdemos la paz simplemente por nuestros pensamientos y expectativas. Aprende a no darles poder a tus pensamientos fatalistas, heridos o dramáticos. No permitas que nada ni nadie robe tu paz. Si tienes el poder de resolver lo que te roba la paz, hazlo; si no, déjalo ir. Aprender a reconocer la diferencia entre lo que puedes y no puedes hacer te traerá muchos beneficios palpables.

La siguiente recomendación importante para mantener tu paz es que aprendas a meditar. Te recomiendo mi canal de YouTube y te dejo el código QR para que puedas hacerlo. O mis cursos de meditación en línea.

Otra recomendación es que repitas este mantra personal cuando necesites recuperar tu paz:

> Yo recupero mi paz, porque mi paz es responsabilidad mía.
> Soy consciente de que mi paz me pertenece, elijo recuperarla y dejo ir todo aquello que no suma a mi vida.

Otra de las cosas que a mí me funcionan es dedicarle un vaso de agua, una taza de té o de café a mi paz. Brindo por ella, disfruto cinco minutos en pausa y sólo bebo el líquido de mi elección, siento cómo se desliza desde mi boca hasta

❧ SEXTO PÉTALO ❧

mi estómago. Esta sencilla acción me llena de una profunda serenidad. Puedes hacerlo también comiendo una fruta que en verdad te agrade. O, por ejemplo, observando el cielo en silencio, con presencia. Lo realmente importante es que estés tú, con tiempo para sentirte y acompañarte, y que esto sea placentero. Si vas construyendo hábitos luminosos, irás encontrando cada vez más amplia la puerta de acceso a la gran paz que ya está en ti.

Me gustaría pedirte que en estos días busques un momento especial, en soledad completa. Abre la boca, los dedos de las manos y de los pies, y las piernas, y di: "Estoy listo y abierto para recibir la paz que viene para mí". Si lo haces viendo el cielo o un árbol, y lo repites con frecuencia, te resultará bueno y fructífero. Es necesario que al decir *estoy listo y abierto*, estés física, mental, emocional y espiritualmente abierto.

Algunas veces, tenemos que asumir decisiones fuertes que nos aportan grandes resultados o se reflejan en una vida más sana. Te propongo que hagas un examen de consciencia y, si es tu momento, te comprometas a eliminar de tu vida las cosas que no te proporcionen paz. Por otro lado, también invita a tu vida, cada vez que puedas, más cosas que te generen esta sensación tan bonita. A mí las películas de terror me producen demasiada incomodidad; cuando son muy buenas, incluso me dan ataques de asma, me asustan demasiado porque mi cerebro no distingue lo que es real y lo que no. Hasta que cumplí treinta años me di cuenta de que no tenía que sufrir de esa forma, no debía permitir que mi paz se desvaneciera. ¿Por qué tenía que angustiarme así y, encima, pagar por ello? Si a ti te angustia ver las noticias, ¡no las veas! Si te angustia

EL LOTO DE LOS SEIS PÉTALOS

ver la bolsa de valores, ¡no la sigas! No tienes que estar pendiente de las cosas que te dejan angustiado. Dedícate a cosas que te brinden tranquilidad. No le des tu poder a lo demás.

Recuerdo que en algún momento de mi adolescencia quería pertenecer, como todos en algún punto, a un grupo de personas que consideraba populares, así que íbamos juntos a un parque de diversiones. Las montañas rusas me generan mucha ansiedad, me marean, me tensan y esto hace que mis músculos se contraigan, pero en mi convicción de pertenecer acompañaba a este grupo y todo el tiempo íbamos al mismo parque... con montañas rusas. Recuerdo que sentía desasosiego, no quería hacerlo, pero me sentía "obligado" a asistir porque buscaba su aprobación. Cuando somos adolescentes, nuestra necesidad de pertenencia se acentúa y hacemos muchas cosas por encajar. Lo grave es que conozco gente de cuarenta o cincuenta años que aún no ha superado su adolescencia.

Tengo muy presente un viaje familiar durante esa etapa adolescente: fuimos a un gran parque de diversiones y yo tenía esa necesidad de pertenencia entre mis primos. Estaba de moda un juego que te volteaba de cabeza. Sentí mucha presión, pero me mantuve firme a pesar de las burlas y la insistencia de los demás. Aun cuando ya había hecho la larga fila, me negué cuando ya estaba a punto de subirme al juego. Hasta el día de hoy, me siento orgulloso de lo bien que manejé la situación. Tal vez allí descubrí por primera vez que no tenía que complacer a los demás, ni pretender soportar o disfrutar por otros lo que a mí me hacía sentir mal. Al elegir no subir, perdí puntos de pertenencia, pero gané paz.

SEXTO PÉTALO

Cuántas veces dejamos de lado nuestra paz para sentir que encajamos con un grupo. Recuerda que la única manera de pertenecer verdaderamente es cuando te quieren y aceptan en cada aspecto tuyo, cuando respetan tus límites y te aman así. Ahondando en este tema que me parece esencial, te comparto tres pasos para que modifiques tu vida y descubras que puedas actuar de un modo más armonioso contigo mismo. Son elementos maravillosos que te llevarán a un cambio muy favorable en tu relación interior, y a una existencia vital mucho más amplia y saludable.

1. Date cuenta de aquellas cosas que te roban la paz y te meten en estados de caos profundo, empieza por lo más sencillo. Ahora piensa cómo corregirlo.

2. Pregúntate qué tipo de lugares, entornos o personas te roban la paz. Si un lugar te hace sentir intranquilo, obsérvate. Si debes estar ahí, intenta dominarlo; si no debes estar en ese sitio, no te obligues a permanecer en caos. Decide si es bueno para tu alma ir eliminando todo aquello que te haga sentir intranquilidad y no te lleve por un camino armonioso.

3. Observa tus pensamientos. He comprobado, durante todos estos años que llevo con pacientes, que la mayor fuente de intranquilidad proviene del pensamiento. Vuelve conscientes estos pensamientos que te empiezan a llevar a la preocupación y a la insatisfacción, y detenlos. Una cosa que a mí me funciona mucho es que

⟡ EL LOTO DE LOS SEIS PÉTALOS ⟡

cuando estoy sintiendo que mis pensamientos se resbalan en esa dirección, lo freno en seco, modifico mi pensar y hago una cosa completamente diferente: canto, río, brinco, me toco la nariz, cualquier cosa que desactive ese pensamiento negativo.

A continuación, te planteo algunas preguntas que complementan mucho este pétalo. Estoy convencido de que se volverán cruciales para tu proceso de mejora y bienestar si eres capaz de tomar consciencia a partir de ellas.

¿Qué pequeñas actividades te aportan paz? Por ejemplo, a mí la jardinería, el té de hinojo y leer un libro me traen muchísima paz.

¿Qué tipo de personas te traen paz en la vida? Ten siempre presente aquellos amigos que mejoran tu vida.

❦ SEXTO PÉTALO ❧

¿En qué momento te sientes más en paz? ¿En la noche, en la mañana o en la tarde?

¿En qué lugares te has sentido más en paz? Recuerda que el lugar más importante donde debes sentir la paz es dentro de ti.

¿Qué puedes hacer para traer más paz a tu vida?, ¿cómo puedes invitarla a quedarse? ¿Qué tipo de música, hábitos y libros debe haber en tu vida para que la paz se mantenga?

EL LOTO DE LOS SEIS PÉTALOS

> *¿Qué estás dispuesto a hacer y a dar para tener una vida pacífica?*
>
> _____
>
> _____
>
> _____
>
> _____
>
> _____
>
> _____
>
> *De estas últimas preguntas saca conclusiones. ¿Qué descubres?*
> *¿Qué te muestran de ti? ¿Qué te enseñan? ¿Qué podrías hacer*
> *para alinearlas a tu plan de vida?*
>
> _____
>
> _____
>
> _____
>
> _____
>
> _____
>
> _____

Te aseguro que una vez que la paz se vuelve parte de ti, te encontrarás sorprendido de pronto por lo bien que te sientes, por cómo puedes atravesar los conflictos, lleno de un profundo estado de tranquilidad.

La paz es una columna grande en el edificio que es mi vida hoy. Está aquí en mi corazón, en este mismo instante. Sin duda, es uno de mis tesoros más valiosos. La cultivo como una hermosa flor, la contemplo como a una preciosa obra de

✦ SEXTO PÉTALO ✦

arte, la protejo y la tengo en un lugar muy especial, siempre a la vista. Y ahora también la comparto contigo, deseando desde mi corazón que vivas en paz.

Te comparto la siguiente afirmación, que es preciosa, y anhelo que perdure en tu ser como una huella. Si la repites después de respirar en calma, verás cuánta magia es capaz de crear a tu alrededor.

Elijo la paz.

Vibro en la frecuencia de la serenidad y el bienestar.

Me conecto con la paz en todas sus formas y dejo ir lo demás.

Vivo pacíficamente y todos los caminos me guían a una gran dicha.

EL LOTO DE LOS SEIS PÉTALOS

Este viaje a través de los pétalos del loto ha sido enriquecedor, y me encantaría que antes de pasar a la conclusión pudieras hacer un inventario de todo lo que te ha dejado, lo aprendido, las reflexiones profundas que ha traído consigo, los momentos ricos de consciencia.

Este libro te ha dado, pero también te ha recibido: tus manos han dejado su huella, tus ojos han permanecido leyendo cada palabra. Quizá tu corazón se ha enternecido, y seguramente tus ideas se han movido. Ahora que el viaje está por terminar, quiero asegurarte que este libro está sonriéndote. Lo sé porque me sonríe mientras tecleo, porque está agradecido contigo de saber que está cumpliendo su propósito y que tú ya no eres el mismo que empezó a leer.

Gracias, querido lector, porque tu lectura le da vida a mis palabras y el loto de seis pétalos deja hoy una semilla en tu interior. Confío en que cada lector cultive su propio loto interior en cada nivel, desde el tallo hasta la flor, desde la profundidad hasta la belleza, desde este libro hasta tu corazón... Y así, todos los que hemos aprendido de estos capítulos seremos un jardín blanco y claro, luminoso y responsable, partícipes en la cocreación de un mundo mejor...

Por último

*El loto no se perturba, el loto está en paz,
el loto trasciende, está en armonía.*

Fer Broca

¿Cuándo termina el viaje del loto? ¿Cuándo se abre y muestra toda su hermosura? ¿Cuándo se marchita y muere?

Para mí, el viaje del loto no muere. Continúa cuando inspira, cuando permanece en la memoria de quien lo contempló. Cuando recordamos lo que dejó permanentemente en nosotros.

Este libro se queda ahora en ti, se vuelve parte de tu historia. Cada capítulo te entregó un pétalo precioso. La vida, la creatividad, el poder, el amor, la libertad y la paz son ahora pétalos que acompañan tu camino.

Los aprendizajes y el conocimiento de estas páginas serán como un perfume suave y delicioso que permanece indeleble ahora que lo has absorbido. En los cuatro cuerpos se han grabado con cariño estos aprendizajes y senderos nuevos que te conducirán a la armonía en tu vida.

EL LOTO DE LOS SEIS PÉTALOS

Ahora mismo, mientras sujetas este libro en tus manos, tus ojos se mecen en estas páginas y tu cuerpo entero participa de este instante, que se conjuga en armonía, al igual que tu mente, que interpreta y aquilata el sentido y la fuerza de estas palabras. De esta forma, tu vida está llena de un nuevo conocimiento. Las ideas de esta obra pretenden provocar en ti un estado más pleno de consciencia, una ruta hacia la sanación de los cuatro cuerpos.

Si a partir de ahora, te das el tiempo de observar dentro de ti, de poner atención, de escucharte, podrás descubrir (de forma sutil) cómo las emociones brotan y los sentimientos corren y se desbordan, se encauzan y te llevan a la paz. Esto significa que lo que experimentarás a partir de hoy te llenará de esperanza y de paz. Tu espíritu se regocija ahora al haber descubierto un nuevo conocimiento, un camino hacia una vida en equilibrio y en armonía, que te dará el impulso para continuar vibrando, haciendo, creciendo y viviendo.

A través de este libro, como el loto, hemos descubierto juntos el camino para emerger de las dificultades de la vida, para salir del lodo del pasado y las circunstancias. A través del camino que aquí te presenté, los pétalos se han abierto en la salud y la consciencia pura. Ahora tu vida está llena de posibilidades nuevas, estás listo para recibir la luz y todo lo bueno que llega a tu existencia. Sobre todo, si eres consciente de los aprendizajes y los haces parte de tu día a día.

Tienes en tus manos la oportunidad de florecer, de conseguir la armonía, la paz y la salud. Y de recorrer un nuevo camino con mayor consciencia, con tus pétalos renovados, como esa gran flor de loto.

POR ÚLTIMO

> Bienvenido a una vida
> en armonía,
> congruencia y paz.

Esta obra se imprimió y encuadernó
en el mes de septiembre de 2024,
en los talleres de Impregráfica Digital, S.A. de C.V.,
Av. Coyoacán 100-D, Col. Del Valle Norte,
C.P. 03103, Benito Juárez, Ciudad de México.